ちくま新書

ルポ 大学崩壊

田中圭太郎
Tanaka Keitaro

1708

ルポ 大学崩壊【目次】

第二章 私物化される私立大学 087

第三章 ハラスメントが止まらない 133

第四章 大学は雇用破壊の最先端 185

はじめに

全国の大学関係者から「大学が壊れてしまった」と嘆く声が聞こえてくる。「壊れてしまった」と訴える内容は、大学の根幹である教育と研究、大学の自治、それにコンプライアンスなど多岐にわたる。執行部が独裁的に運営する国立大学や、経営者があからさまに私腹を肥やす私立大学など、学生や教職員がないがしろにされている大学は明らかに増えている。端的に言えば、今、一部の人間による大学の「独裁化」と「私物化」が進んでいるのだ。

「独裁化」と「私物化」の流れに同調するかのように、教職員や学生への弾圧が強まっている大学や、教職員の大量解雇を強行した大学もある。ハラスメントの捏造による懲戒解雇や、裁判所や行政の判断にも従わないなど、耳を疑うような事案も発生している。「大学でそんなことが起きるはずがない」と思う人も多いかもしれない。確かに大学は研究と教育の場であり、社会の規範となるべき存在だ。しかし現実に、にわかには信じられないようなトラブルが起きている大学が存在するのだ。

大学で起きたトラブルが裁判に発展したケースなどを、インターネット上で紹介しているサイトもある。札幌学院大学教授の片山一義氏が二〇〇三年から運営している「全国国公私立大学の事件情報」は、ハラスメントや解雇をめぐる裁判や、教職員組合が各都道府県の労働委員会に不当労働行為の救済を申し立てた労働事件などを掲載している。片山氏によると、「教職員と大学が争う裁判は二〇〇〇年以降に増えはじめ、さらには大学の雇用破壊の進展とともに増加の一途をたどっている」という。

しかし、大学執行部などから不当な扱いを受けても、実際に裁判などで闘うことができているのは、ほんの一握りの人だろう。ほとんどの人が、泣き寝入りをして大学を去っているのが実態だ。

二〇〇〇年以降の大学の「独裁化」と「私物化」を後押しし、トラブルが増加する原因を作ったのは、国の法改正による「ガバナンス改革」ではないだろうか。

まず、二〇〇四年の国立大学法人化と、私立学校法の改正が、大学のあり方を大きく変えた。

国立大学の法人化は、それまで文部科学省が設置していた国立大学を独立行政法人化するもので、法人化によって各大学は自主性や独立性が確保できるとされていた。しかし、実際に起きたのは国からの運営費交付金の削減だった。交付金が年々減っていくなかで、人件費の削減や非常勤教職員の増加が顕著になった。学長の選考では、教職員による選挙が廃止され、意向投票という形で投票はできるものの、最終的には学外の委員も入った学長選考会議が決定する仕組みに変わった。

私立学校法の改正では、それまで教学の長である学長や総長と、経営の長である理事長が多くの大学で対等な立場だったのを、理事長を学校法人のトップに位置づけた。法律上は理事長が思いのままに大学を運営できるようになってしまった。

この流れに、さらに拍車をかけたのが、二〇一四年の学校教育法改正と国立大学法人法改正だ。

学校教育法の改正では、教授会は学長の諮問機関に格下げされた。この法改正後も教授会の意見を尊重した運営を続けている大学も多いが、国立大学の中には学長が開き直って「独裁化」した大学もある。私立大学の場合は、理事会の意を汲む学長がともに「私物化」を進めるか、もしくは理事長が学長も兼務して、ときには労働法制などを無視した運営をする大学も存在している。

一方で、一般的にあまり知られていないのが国立大学法人法の改正だろう。二〇一四年の改正では、学長の選考だけでなく、選考の方法についても学長選考会議が決められるようになった。しかし、選考会議の委員の多くは学長が指名するため、学長は独裁を続けることが可能になる。その結果、学長の任期の上限を撤廃した大学や、教職員による意向投票を無視する、または投票自体を廃止する大学が法改正後に増えていった。現在、全国の国立大学では、意向投票で得票数が一位ではなかった人物が学長に選ばれることも珍しくない。

そして国立大学法人法の改正は二〇二一年にも行われ、「学長選考会議」は「学長選考・監察会議」と名称を変えて、権限が強化された。特に、文部科学大臣が任命する監事の役割が拡大され、国が監事を通して大学を間接支配することが可能になった。

「独裁化」と「私物化」は、教職員の権利を奪い、教育や研究の劣化を招く。学内でのハラスメントは日々起きていて、相談窓口が機能していない大学も多い。そして、上層部が暴走した結果、大学と教職員、学生の間で信じられないようなトラブルが起きる。

大学を監督し、問題を解決する役割を担うはずの文科省の官僚は、現役出向や天下りをしている大学の幹部と結託することで、「独裁化」や「私物化」、それに教職員や学生の権利の侵害に加担しているケースもある。常軌を逸した事態が実際に起きているのだ。

大学執行部による「独裁化」と「私物化」から起きたトラブルに加えて、教職員の雇用崩壊も深刻だ。

大学では二つの「二〇一八年問題」が存在した。一つは一八歳人口が二〇一八年から再び減少に転じることで、大学の経営環境が厳しさを増していることだ。すでに私立大学の四割以上が定員割れの状況にあることから、文科省は大学の再編を促す仕組みづくりを進めている。国立大学については法人の統合も全国各地で始まった。

もう一つは、二〇一八年以降、非常勤教職員の大量雇い止めの問題が起きていることだ。二〇一三年に改正された労働契約法によって、有期契約で働く労働者は、二〇一三年を起点に五年以上勤務した場合、無期雇用への転換権が得られることになった。人件費削減の動きなどから、大学で教員に占める非常勤講師の割合が高まっていたなかで、非常勤講師の雇用を守る法律ができたことになる。

しかし、法律の趣旨に反して、五年を迎える二〇一八年を前に、非常勤講師や職員を大量雇い止めしようとする大学が多く現れた。労働組合などの活動によって阻止できたケースもあれば、強行されたケースもある。

また、この改正労働契約法には、科学技術などに関する有期雇用の研究者は一〇年で無期雇用転換権を得られるなどの「特例」があるが、一〇年を迎える二〇二三年三月に大量の雇い止めを実施しようとしている大学や国立研究開発法人も存在する。これが大学雇用の「二〇二三年問題」だ。しかし、雇い止めに苦しんでいる研究者たちの声は、あまり知られていないのが実情ではないだろうか。

本書は数多ある大学論ではなく、大学で起きている問題について取材したルポルタージュである。関係者の証言や裁判資料、内部資料などを集めながら、ここ一〇年ほどのあいだに全国の大学で起きた出来事の背景を探った。特に、大学執行部や文科省からの理不尽な扱いに苦しむ人たちの声を、現場から伝えることを大きな目的としている。

筆者は放送局の記者からフリーランスのジャーナリストに転じた二〇一六年以降、大学で起きている問題を伝える記事を、雑誌やウェブメディアなどに一〇〇本近く執筆してきた。

社員記者時代を振り返ってみると、大学で何か問題が起きても、大学執行部の発表に基づいて報道することがほとんどだった。疑問を感じて質問した場合でも、執行部側からは一方的な主張の繰り返しのような回答しか得られず、そのまま原稿を書いていた。

しかし、フリーランスになって大学に関する取材の軸足を学生や教職員に移すと、大学の発表した内容とは異なる事実が浮かび上がることが多い。執行部が堂々と嘘をついているケースもあった。執行部に比べればはるかに立場が弱い、学生や教職員の小さな声に耳を傾けることができていなかったことを痛感した。

取材を重ねるうちに、大学で起きているトラブルは、あくまで個別の事案なのか、それとも各大学が抱える共通の問題が背後にあるのだろうかと考えるようになった。取材した記事が各媒体に掲載されると、「自分が勤務する大学でも同じような問題が起きている」「大学執行部や教授によって酷い目に遭わされている」といった声が全国から寄せられるようになったからだ。

こうした問題意識を持って国による大学政策を検証すると、前述の法改正などが大学運営に大きな影響を及ぼしていることが見えてきた。しかも、共通した問題を抱えた学生や教職員同士が、必ずしも情報を共有できていないこともわかってきた。そこでトラブルを背景ごとに分類し、問題点を提示しようと考えたのが、本書の執筆の動機である。

大学内部で何が起きているのかは、外部の人にはなかなか知ることができない。しかし、言うまでもなく大学には多額の税金が投入され、学校法人には税制優遇もある。「独裁化」や「私物化」、ハラスメント、雇用破壊などによって「大学が壊れている」実態は、ステークホルダーである学生や教職員はもちろん、将来子どもの大学進学を考えている保護者や地域住民にも、もっと知られていいはずだ。数々の問題からは、国の未来を左右する大学政策の問題点も見えてくる。

紙幅に限りがあり、全国で起きている問題のすべてを伝えることはできない。本書では国の政策がもとになって破壊が進んでいる国立大学、私物化が進む私立大学、後を絶たないハラスメント、労働法制を無視した雇用破壊、大学に巣食う文科省の天下りをテーマに、象徴的な事案を扱った。もちろん、それらは氷山の一角だ。

本書を通じて、大学の現実を少しでも多くの人に知っていただければ幸いである。

本書で触れている大学（初出掲載順）

京都大学、北海道大学、旭川医科大学、筑波大学、大分大学、東京大学、下関市立大学、山梨学院大学、札幌国際大学、追手門学院大学、上野学園大学、日本大学、梅光学院大学、山形大学、東北大学、宮崎大学、奈良学園大学、岡山短期大学、早稲田大学、一橋大学、専修大学、慶應義塾大学、東海大学、大阪大学、福岡教育大学、目白大学

第 一 章

破壊される国公立大学

1　崩れ落ちた京都大学の「自由」と「自治」

†大学が学生四五人を訴える

京都大学は、難関大学として東京大学と並ぶ存在だ。一般的には、より自由な学風を持っているのが京都大学と思われているのではないだろうか。確かに、基本理念にも「創立以来築いてきた自由の学風を継承し、発展」させることを掲げている。

しかし、二〇一〇年代後半からの京都大学は、この学風が「変質した」との声が内部から聞こえてくる。なぜなら、大学が学生から自由を奪い、強権的に管理する事態が、他の大学にも増して頻繁に起きているからだ。

その一つが、大学の吉田南キャンパス内に建つ学生寮、吉田寮の問題だ。

二〇二二年二月、大学入試の前期試験が行われる直前に、京都大学のホームページには次のような文面が掲載された。

現在、「吉田寮自治会」名義で、二〇二二年春期入寮募集の実施が案内されていますが、この「吉田寮自治会」を自称する団体に対し、本学が入寮募集を委託した事実はありません。

（中略）本学学生その他の者が上記募集に応じて吉田寮に入寮することは本学施設を不法に占有するものであって到底容認できないことを、改めてここに周知徹底するものです。

吉田寮には約一二〇人の学生が暮らす。毎年新たな学生も入寮している。にもかかわらず、「不法に占有」と断じているのだ。同様の文面はこれまでも何度か掲載されていた。吉田寮自治会はこれを「複数の誤解を招く表現・誤謬を含む」文書だとして、大学に撤回を求めるとともに強く抗議している。

それだけではない。吉田寮で暮らす学生は「大学側が吉田寮への学生の入寮を妨害している」と証言する。実際にある寮生は、学内で寮の案内をしようとした際、大学職員から妨害を受けたと話す。

「入寮の案内をしているときに複数の職員が駆け寄ってきて、注意されました。案内の活動が妨害され始めたのは二〇一九年頃からと聞いています。大学生協から新入生に配られるパンフレットには、吉田寮には入寮しないように呼びかけるチラシも入っていました。

大学がやっていることは、吉田寮に対するいやがらせではないでしょうか」

なぜ大学は吉田寮への入寮や、寮生による案内を妨害するのか。実は、京都大学は吉田寮からの立ち退きを求めて、学生らを提訴している。被告の総数は寮生や元寮生など四五人にのぼる。京都大学の長い歴史で、大学側がこれだけ多くの学生を提訴した例はない。

大学側の提訴に対して、寮生らは弁護団を立てて裁判に対応しながら、大学に裁判の取り下げと話し合いの再開を要求し続けている。極めて異常な事態と言っていいだろう。

†突然打ち切られた老朽化対策交渉

吉田寮は現役の学生寮としては日本最古だ。一二〇部屋がある現棟と呼ばれる建物は、百年以上前の一九一三年に建築された。同じく木造の食堂と、二〇一五年に木造と鉄筋コンクリート造の混構造で建設された六〇部屋の新棟の三棟がある。

寮生にとってありがたいのは、寮費の安さだ。一カ月あたりの寄宿料は四〇〇円だけ。それに水道光熱費約一六〇〇円と、自治会費五〇〇円を合わせても、月額の寮費は約二五〇〇円しかかからない。近隣の熊野寮とともに、経済的な事情を抱えたすべての学生にとって欠かせない存在だ。もともと入寮資格を日本人の男子学生に限っていたが、現在は性別要件は撤廃され、さらに留学生、科目等履修生、聴講生などにも門戸を開いている。

上／吉田寮の入り口。左の建物が「新棟」
下／吉田寮「現棟」の入り口（ともに著者撮影）

また、寮生による自治で運営されていることも大きな特徴だ。寮の備品の購入や、取材の対応をどうするかなど、寮に関するすべてのことは寮生が参加する会議で丁寧に議論する。多数決ではなく全会一致で決める、直接民主主義による運営が受け継がれてきた。

裁判では、大学側は吉田寮に対して現棟と食堂棟の明け渡しを求めている。大きな争点の一つが、建物の老朽化の程度だ。

提訴後に大学は、当時の厚生補導担当副学長だった川添信介氏の名前で「吉田寮現棟の明渡請求訴訟について」と題した文書を公表した。

その中で、入寮募集の停止に応じなかった吉田寮の自治会を「責任ある自治を担い得る団体であるとは見なし得ない」と批判し、「問題をこれ以上先送りしないで学生の安全確保を実現することは、もはや本学だけでは不可能であると判断し、やむなく明渡請求の提訴に至ったものである」と記している。これは大学側の言い分である。

一方、吉田寮の寮生から見れば、現棟は住めないほど老朽化しているわけではない。一定の耐震性能もあり、適切な補強によって継続して使用できることが、二〇〇五年の耐震調査結果の分析でわかっている。長年続けてきた老朽化対策についての話し合いを一方的に打ち切ったのは大学側であり、大学側から訴えられることは理不尽な仕打ちでしかなかった。

そもそも現棟の補修は、二〇〇〇年頃から吉田寮の自治会と大学執行部の間で、団体交渉によって話し合われてきた事項だった。

交渉では二〇一五年までは「確約書」が交わされ、「大学当局は吉田寮の運営について一方的な決定を行わず、吉田寮自治会と話し合い、合意の上で決定する」ことや、「入退寮者の決定については、吉田寮現棟・吉田寮新棟ともに現行の方式を維持する」ことなどが確認されていた。

ところが二〇一七年一二月、大学は突然方針を変えた。「吉田寮生の安全確保についての基本方針」を公表し、老朽化の下で「可能な限り早急に学生の安全確保を実現する」ことが喫緊の課題であるとして、新規入寮の停止と全寮生の退舎を求めたのだ。

これに対し、自治会は話し合いの継続を求めた。しかし、大学側は応じず、二〇一八年七月の交渉の際には、寮生が自治寮としての慣行の存続を求めたことに対して、副学長の川添氏が「けしからん」と声を荒らげ、「恫喝と取っていい」と発言したという。翌八月には、歴代の学生部長・副学長による「確約書」への署名は「半ば強制されたもの」であるから、「確約書」の内容に「本学が拘束されることはない」と主張した。

大学側が強硬な手段に出たのはここからだった。

同年一二月、京都地方裁判所に現棟に対する占有移転禁止の仮処分を申し立てた。この申し立ては、今後寮に別の人が住んだ場合でも、その人を相手に建物の明け渡しを求めることを可能にするものだ。仮処分は二〇一九年一月に決定され、大学側は現棟に住む寮生の一部を特定した。

翌月になると大学側は現棟と食堂への立ち入り禁止を宣言する。

交渉が進展しないなか、自治会は、食堂棟の利用と清掃・点検のための現棟の立ち入りが認められるのであれば、新棟に移転するといったある種の妥協案を示した。だが、大学側は拒否し、提訴に踏み切ったのだ。

最初の提訴は同年四月で、大学側は寮生や元寮生二〇人を訴えた。さらに、翌二〇二〇年三月には二五人を追加提訴した。

二〇二二年一一月現在も一審が京都地方裁判所で開かれていて、大学側と寮生側は全面的に争っている。一審は二〇二三年中に判決が出る可能性が高いが、最高裁まで争うことが予想され、法廷闘争の最終的な結論には時間がかかるだろう。

しかし、冒頭に触れたように、係争中でも大学側は吉田寮に対する圧力を止めていない。そのことによって、寮生は自分たちに対する偏見が学内に広がっていると感じている。

「誰が発信しているのかわかりませんが、吉田寮にはおかしな人たちが集まっているといったイメージが広がっているのは事実です。仮に大学側が吉田寮はおかしいと発信しているのであれば、提訴の事実もあるので、大学側を信じる学生も多くなりますよね」

大学側がなぜ老朽化対策の話し合いを突然打ち切り、強硬な手段に出たのか。その明確な理由は示されていない。

†吉田寮を否定していた「監査報告書」

大学が大勢の学生を訴える異常事態に、教員も大学に対して異を唱えた。大学が提訴した後、四〇人以上の教員有志が呼びかけ人となり、吉田寮の問題について対話による解決を求める要請書を当時の山極壽一総長に提出した。

要請書では、次のように苦言を呈している。

> これまでの合意を全て反故にすることは、学寮の自主性と学生との信頼関係を重視する立場から「確約書」に署名してきた元学生部長・副学長たちの努力や、大学当局と寮自治会の関係調整に腐心してきた職員の方々の労苦をも全否定になりかねません。

この文面にあるように、歴代の教員と吉田寮自治会の間では一定の信頼関係が築かれてきた。前述の確約書はその一つの証拠だ。

にもかかわらず、大学が二〇一七年一二月に新規入寮の停止と全寮生の退舎を求めた際や、二〇一九年四月に寮生らを提訴する際、教員への説明は一切なかった。

教員有志は、吉田寮への対応が教授会で議題にならなかったことについても、要請書で強く抗議した。

今回の提訴は学問と教育の場にふさわしい対話の慣行を破壊するばかりでなく、京都大学の社会的信用を損ない、長きにわたる歴史に汚点を残すものです。自治を含む学寮のありかた、そして歴史的建造物としての吉田寮の保全と再生については、少数の役員層だけで決めるのではなく、居住する学生自身、教職員、さらに建築の専門家なども含めて議論していくべきです。

こうした教員の声に対しても、大学の執行部は耳を傾けなかった。教員有志の呼びかけ人の一人である大学院教育学研究科教授の駒込武氏は、教授会でのやりとりを次のように明かす。

「吉田寮の問題は、提訴前まで教授会である教育研究評議会の議題には一切出てきませんでした。提訴直前の会議で、膨大な審議資料の中に吉田寮に触れられた資料があることを知り、私が質問をしましたが、学部長にあたる研究科長は「答えられない」と言うだけです。その後の会議では吉田寮のことは審議しないと言われました」

駒込氏は教員として責任を感じると同時に、執行部の姿勢に不信感を抱いている。

「大学が学生に対して提訴するという、いくら何でもひどすぎることをして、私たち教員も基本的には加害者として責任を問われても仕方ないと思っています。同時に、大学の意思決定に自分が関与できない仕組みには憤りを感じます」

どのタイミングで大学の方針が変わったのかは、教員にもわからなかった。いったいどこで、誰が、どのような理由で吉田寮から学生を立ち退かせることを考えたのか。

疑念をさらに深める要因になっているのが、二〇一九年六月に当時の監事から提出された、二〇一八年度の監査報告書だった。

監事とは、国立大学の業務を監査するとともに、必要があった場合に学長や文部科学大臣に意見を出せる職にある人物を指す。基本的には全国の国立大学に二人ずつ任命される。任命しているのは、文部科学大臣だ。

当時の監事は、元大阪大学副学長の東島清氏と元山口大学学長の丸本卓哉氏。監査報告書には、吉田寮のことが次のように言及されていた。

法人化以後の国立大学法人は、学生の安全で快適な勉学環境維持に全面的責任を担っており、責任を取ることのできない入居者団体に管理をゆだねることは許されない。月額四〇〇円という時代錯誤的な寄宿料は、到底納税者の理解を得ることはできないし、正規学生以外の入寮も許すような不適切な入寮者選考は改めるべきである。

一読してわかる通り、吉田寮の存在自体を強く否定する文言だ。入居者団体とは、吉田寮自治会のことを指す。自治会による管理や入寮者の選考、それに正規以外の学生の入寮を問題視し、寮費の安さを「時代錯誤的」と非難している。

老朽化をめぐる問題とは関係がなく、議論がすり替えられているように見える。同時に、長い歴史を持つ寮に対して、他大学の幹部だった人物がこうした指摘をすることには違和感を覚えざるを得ない。

一方で、寮のあり方についても次のようにも述べている。

経済的に貧しいが旺盛な勉学意欲を持つ多数の学生に対し、安全で快適な勉学環境を提供するために、スピード感を持って新たな寮建設を行うことを期待する。

格安な寮費を批判する一方で、「経済的に貧しいが旺盛な勉学意欲を持つ」学生のために新たな寮を建設するという理屈は、矛盾していないだろうか。

いずれにしても、監査報告書が大学による吉田寮への「弾圧」を後押ししているのは間違いないだろう。

†京都大学の自由と自治を破壊するのは誰か

京都大学の変質はいつから始まったのか。ひとつの起点になったと考えられるのは、二〇一三年の総長選考だ。それは、国による国立大学の「ガバナンス改革」と呼ばれるものが進められた時期と重なる。

国立大学はかつて、総長や学長などのトップは教職員による投票結果に基づいて、最高意思決定機関だった評議会が指名していた。評議会は、教授会で選ばれた教員や学部長などで構成された。

それが小泉政権下で実施された二〇〇四年の国立大学法人化によって、この仕組みは変更される。教職員による投票は意向投票に格下げされて、選考会議がトップを決める機関となった。これがガバナンス改革の第一段階と言っていいだろう。

第二段階は、第二次安倍政権下の二〇一四年に実行に移された。国立大学法人法が改正され、トップの選考方法自体も選考会議が決められるようになる。

さらに、同じくこの年に改正された学校教育法では、教授会の権限が、総長や学長の諮問機関に格下げされた。

トップの権限が強化されたうえ、選考会議のメンバーの多くは、トップ自身が指名する。その気になればトップが教員の意見を聞かずに、大学を運営できるようになったのだ。

二〇一三年当時京都大学総長だった松本紘氏の任期は、翌二〇一四年九月末までだった。次期総長の選考について話し合っていた総長選考会議で問題が起きる。教員による意向投票を廃止して、総長選考会議の議決のみで新たな総長を選出することや、松本氏の任期延長を可能にする議案が提案されたことが明らかになったのだ。

これに対し教員や学生は強く抗議した。背景には松本氏が役員主導で大学の「改革」を進めていたことがある。強い反発を受けて任期の延長は議決されなかったものの、教職員による意向投票は「意向調査」というより軽い位置付けに改められた。あくまで総長選考会議が主体となって総長を決める体制ができてしまった。

松本氏の後任として二〇一四年一〇月から総長を務めたのが山極氏だった。吉田寮の訴訟が起きたのは、山極氏が総長を務めた時期だ。

さらに、山極氏の次の総長選考をめぐってまた問題が起きる。

総長選考には六人の候補者が立ち、任意の投票である意向調査が実施された。一位は二〇一四年から副学長に就任して、山極氏とともに学内運営に携わってきた湊長博氏だった。

しかし、得票率は三七％に留まった。過去の総長選考では、意向投票で誰も過半数を獲得していない場合は、獲得票の多い上位二名で決選投票が行われてきた。にもかかわらず、総長選考会議は決選投票を行わずに湊氏を総長に選出した。この決定に対しても、教職員や学生から異議を唱える声が上がった。

総長選考が行われていた時期に、教員有志や大学院生らは「自由の学風にふさわしい京大総長を求める会」を結成していた。会では六人の候補者に吉田寮の学生に対する提訴などについての質問状を送ったが、回答があったのは三人だけで、湊氏は無回答だった。総長がこうした問題に無関心だと、学生担当理事の「暴走」を許すことになってしまうおそれがあると、教員らは感じていた。

†相次ぐ学生の処分と「タテカン訴訟」

大学から自由を奪い、強権的に学生を管理する代表的な事象がもう一つある。それは、立て看板の禁止だ。

立て看板はタテカンの愛称で、大学の吉田キャンパスやその周辺に数多く設置されてきた。一九六〇年代にはすでに多くのタテカンがキャンパスの外構や内部に提示され、京都大学の文化として親しまれてきた。タテカンは、学生による一種の表現活動でもあった。

ところが大学側は、吉田寮への方針を変えた時期とほぼ同じ頃の二〇一七年、タテカンの撤去を求める呼びかけを始める。その理由は、大学周辺に設置されたタテカンが、京都市から屋外広告物条例に抵触していると行政指導を受けたことだと説明している。

一方で、同年二月に京都大学学生懲戒規程が改定された。学生の懲戒は教授会で決定してきたが、その決定を大学総長が議長を務める委員会で覆すことができるようになったのだ。

この改定によって大学は、大学の意に背いた学生に厳しい処分をするようになる。二〇一八年一月には、吉田キャンパスの時計台前に設置していた巨大なタテカンの撤去に応じない学生二人を、大学側は譴責処分とした。

同年五月一三日、タテカンをめぐる事態は大きく動く。この日は日曜日だった。夜が明けると、キャンパスの内外に設置されていたタテカンが姿を消していた。ほとんどの学生や教員が気づかない時刻に、大学によってすべて撤去されていたのだ。

タテカンの撤去作業は一夜のうちに行われたと見られている。不可解なのは、敷地を囲む擁壁や敷地外から見える看板を対象にしている京都市の条例とは関係がないはずの、

「キャンパス内側のタテカン」まで撤去されていたことだ。

突然のタテカンの撤去はメディアにも数多く取り上げられるなど注目を浴びた。同月、京都大学出身の弁護士らが「表現の自由を脅かす」として、タテカン撤去の措置を見直すよう声明を出す。市民の会は、条例の改正を求める要望書を京都市に提出するとともに、大学にも規制の見直しを要請した。

学生も強く反発し、直接抗議をする学生もいた。すると大学側は、改定した学生懲戒規程の効力を発揮させる。二〇一九年九月、大学職員によるタテカン撤去を妨害したとして、三人の学生を期限の定めなく登校を禁止する無期停学処分にした。

大学側は三人の学生に意見聴取する際、弁護士を同伴することを認めなかった。さらに、授業料の納付は求めるのに対し、キャンパスに立ち入ることは許さない理不尽な対応をしている。

タテカン撤去に対し、全面的に闘うことを決めたのは教職員だった。京都大学職員組合が二〇二一年四月、大学と京都市を相手取り訴訟を起こした。今度は教職員が大学を訴えたのだ。

訴えた直接のきっかけは、一斉撤去の際、職員組合が一九六〇年以降、長年同じ場所に掲示してきたタテカンも撤去されていたことだ。組合は、タテカンの撤去は憲法で定める表現の自由に抵触するとともに、組合のタテカンを一方的に撤去することは不当労働行為に該当するなどと主張し、大学と京都市に慰謝料三三〇万円、大学のみに対して慰謝料二二〇万円を求めている。

訴訟は慰謝料を請求する形式をとってはいるが、実質的にはタテカンの撤去の違法性を問うものでもある。提訴にあたって職員組合は「京大のタテカン文化を取り戻したい」とクラウドファンディングを展開し、カンパも合わせると訴訟費用として三〇〇万円あまりを集めた。

職員組合は一斉撤去の際、自分たちのタテカンが撤去されるとは思っていなかった。クラウドファンディングのプロジェクト代表で、職員組合の副委員長を務める法学研究科・法科大学院教授の髙山佳奈子氏は、当時のことを次のように振り返る。

「撤去される直前には「所定の場所に移動すること」と貼り紙がされていましたが、それは学生向けに書かれたものを、大学が間違えて貼ったのだと思っていました。それが、ある朝突如として撤去されていました」

職員組合ではタテカンの撤去は労使の慣行を一方的に破棄する行為だとして、学長宛に抗議文を提出し、団体交渉も行った。

しかし、なぜ職員組合のタテカンが撤去されなければならないのかを問いただしても、大学側は言うことを転々と変え、職員組合側が納得できる説明をしないまま要求を突っぱねた。

職員組合は二〇二〇年六月、あえて京都市の条例に抵触しない場所にタテカンを設置した。しかし、三時間後には大学側に撤去されてしまった。このような経過を経て、二〇二一年四月に提訴に踏み切ったのだ。

訴えに対し大学側は「一方的に撤去したのではない」などとして、撤去の違法性や不当労働行為を否定している。また京都市は、京都大学への行政指導は違憲ではないなどと主張し、大学、京都市ともに請求の棄却を求めている。

二〇二二年一一月時点では、一審の京都地方裁判所で係争中だ。職員組合側は、大学側がタテカン撤去の理由にしている京都市からの行政指導文書を開示するように求めているが、大学と京都市はともに拒否している。職員組合側が「京都市が条例の解釈を誤っていた可能性も極めて高い」と指摘している。

髙山氏は、タテカン撤去も吉田寮への対応と同様に、大学の変質の表れだと指摘する。

「教員から見ると学生の活動を潰そうとしているように見えます。締め付けを強める一環ですね。伝統的に認められてきたものが反故にされている点で、タテカンと吉田寮の問題は同じではないでしょうか。自由の学風が京大の一番の魅力でしたが、それがどんどんなくなっています。職員組合の意見に対しても、大学は突っぱねるばかりです。その流れのなかで一斉撤去が起きたので、これは憲法訴訟で闘わなければならないだろうと感じました」

国による「大学のガバナンス改革」と歩調を合わせるかのように、京都大学の伝統だった自由と自治の学風は音を立てて崩れ落ちている。

ただ、京都大学は、学生や教職員が法廷闘争を展開して、大学執行部と公の場で闘うことができている。一方で、全国の国公立大学の中には、すでに自由と自治が破壊されてしまった大学も少なくない。

2 北海道大学総長「理由なき解任」の謎

†前代未聞の国立大学総長の解任

「今回の私の解任劇の主役は文科省です。正確に言えば、文科省から派遣された事務方と、それに同調する一部の理事です。文科省の意向を受けて、私を追放するために不祥事を作り上げる工作が必要でした。私の弁明を聞くこともなく、非違行為があるとして総長選考会議で解任が決議されましたが、それらの行為にはまったく覚えがありません」

文科省の意向で解任されたと主張するのは、北海道大学の総長だった名和豊春氏だ。二〇一九年七月、公益通報を受けたとして調査した総長選考会議が、名和氏による三〇の非違行為を認定して解任を決議し、文部科学大臣に申し出た。

それからほぼ一年後の二〇二〇年六月三〇日、当時の文部科学大臣だった萩生田光一氏が名和氏の総長解任を決定した。

萩生田氏は総長選考会議が認定した三〇の非違行為のうち、二八の行為を認定した。その内訳は次のようになっている。

日常的なハラスメント行為　一八
北海道大学の対外的な信用失墜行為　二
研究者としての問題行為　三
その他総長としての資質を疑わせる行為　五

名和氏と弁護団は、認定された非違行為は、明らかな事実誤認や評価の誤りを含んでいると主張する。そもそも名和氏にとっては、いわれのない疑いばかりだった。

総長選考会議が認定した事実には「激昂」「罵声」「威圧的」「叱責」などの言葉が並ぶ。しかし、名和氏は幹部職員の報告に対して注意や指導をしたにすぎず、威圧的な発言や理不尽な叱責などのハラスメントはしていないと主張している。

名和氏からハラスメントを受けたとされる相手は、多くが文科省から出向している幹部職員である。調査報告書で非違行為として認定された行為は、名和氏が総長室や総長の専用車の中で幹部職員と交わした、業務上の会話がもとになっていた。会話の内容をいくつか挙げると、大学内に北海道日本ハムファイターズの新球場を建設するかどうかの協議や、内閣府事業の予算の積算、キャンパスで使用する電気の入札手続きについてなどだ。これらの会話は名和氏に秘密のまま、誰かによって意図的に録音されていた。

総長選考会議による解任の申し出や、文部科学大臣による処分は違法だとして、名和氏は二〇二〇年一二月、国と北海道大学を相手取り、解任の取り消しを求めて提訴した。

国立大学のトップが解任されたのは、全国でも初めてのことだ。ただ、この件が不思議なのは、学内のほとんどの教職員がこの件について何も知らず、公表もされていない段階から、メディアによる「パワハラ」疑惑報道が先行したことだった。記事の見出しには「パワハラ」が常に使われていた。

その報道の裏で理不尽な圧力を受けていたのは、他でもない名和氏だった。

†解任でなければ「文科省は納得しない」

名和豊春氏は一九五四年生まれで、北海道大学と大学院修士課程を卒業後、秩父セメント（現在の太平洋セメント）に入社する。その後、東京工業大学で工学博士の学位を取得し、一九九七年に北海道大学に助教授として採用された。二〇〇四年から教授の職に就き、工学研究院長などを歴任して、二〇一七年四月に総長選考会議によって総長に選ばれた。

総長選考の際には、当時の総長も立候補していた。文科省が主導する大学予算削減に応じて、大幅な人件費削減を打ち出していた人物だった。それに対して名和氏は、人件費の削減率圧縮と大学の教育研究水準の維持などを訴えて総長に立候補し、教職員による意向投票ではもっとも票を集めた。その結果を受けて、総長選考会議も名和氏を支持した。

総長就任後は、二〇一七年からの五年間で約五五億円が不足する事態が予想されていたところを、二〇一七年度に一〇億円、二〇一八年度には一六億円の余剰金が生じるまでに財政再建を達成した。世界トップレベル研究拠点プログラムに採択され、毎年七億円の補助金が交付されるなど、研究力向上の基盤も固めていた。

そんな矢先の二〇一八年九月二九日に、名和氏は突然辞任を突きつけられる。

総長選考会議の議長と副議長がアポなしで総長室を訪れてきた。同行していた大学の顧問弁護士の斎藤隆氏が名和氏にこう告げたという。

「先生は高潔な人物であったと信じていましたが、見損ないました。私は今ある人物が先生を公益通報で訴えるのを阻止していますが、一〇月一三日までしか待てません。すぐに総長をお辞めください」

名和氏は耳を疑った。本当に公益通報があったのであれば、学内の規程に沿って処理されているはずだが、そのような事実はない。名和氏がいくら聞いても、三人は公益通報があったとする内容を明かさない。それでも「録音テープがある。総長選挙のやり直しをしなければならない」と辞任を迫ってきたのだ。

心当たりがない名和氏は、応じることができなかった。すると、学内の教職員には何も知らせないまま、総長選考会議は一一月に調査委員会を設置する。

名和氏は納得がいかないものの、このままでは大学に迷惑をかけてしまうと考えた。さらに、家族も大学から嫌がらせを受けるようになる。とにかく事態を収拾しようと一二月に辞表提出に踏み切った。

ところが、このときには総長選考会議は辞職願を受理しなかった。当時の理事だった笠原正典氏と長谷川晃氏からは、名和氏にとっては思いもよらない言葉が発せられたという。

「文科省が納得しない」

辞職ではなく解任でなければ、文科省が納得しないというのだ。このときに初めて、名和氏は自分を排除しようとしているのが文科省だと悟った。

それならば理由は容易に想像ができる。前述の人件費削減に反対したのはその一つだ。もっと大きな理由としては、国が推進する軍事研究に反対していたことも考えられる。総長就任前、北海道大学は防衛装備庁の「安全保障技術研究推進制度」に応募し、採択されていた。この予算に対し、軍事研究に反対する日本学術会議が、将来の装備開発につなげる目的が明確であり、政府による介入も著しいなどの問題があると懸念を表明する。この声明を名和氏が尊重して、総長就任後に予算を返上した。返上したのは北海道大学が唯一だった。

また名和氏は、総長や学長の権限を強める国のガバナンス改革に対しても、大学の自治が解体すると反対を表明していた。さらに、安倍政権下で強引に進められた加計学園の獣医学部の新設には、北海道大学として強く反対する意向を示した。名和氏はこう振り返る。

「文科省が進める政策や、当時の安倍総理が進めようとする政策に反対していましたから、文科省の職員がそれこそ空気を読んで忖度して、私を外せばいいと思ったのではないでしょうか。最初は脅しで辞めさせようとしたのでしょう。私がすぐに応じなかったので、わざわざ証拠を作って、解任の手続きが進められたと見ています」

総長選考会議は二〇一九年二月、ハラスメントがあったとする報告書を調査委員会が提出したことを受けて、名和氏を解任する手続きを始めた。同年七月に総長選考会議が解任を決定するまで、この経緯は学内にまったく説明されていない。

その一方で、メディアには「パワハラ疑惑」の文字が躍り始める。調査委員会が報告書を作成する前月の二〇一九年一月、地元の経済誌『財界さっぽろ』に、「パワハラ疑惑？で体調不良　ＯＢも悩ます北大総長の進退」と題した記事が掲載された。名和氏は次のように振り返る。

「記事が出る前には、笠原理事からメールが来て、こういうことが流れることになり、評議会で対応しなきゃいけないと連絡がありました。自分たちで捏造して、メディアに流したのではないでしょうか」

さらに同年四月には複数の新聞が、名和氏がパワハラをした疑いがあるとして、学内で調査委員会が立ち上がり審議中であることなどを伝えた。そして、総長選考会議が解任を申し出ることを決めたときにも、やはりパワハラと報じられた。

ただ、総長選考会議は解任の理由に、「威圧的な言動」という表現をしたものの、ハラスメントの単語は使っていなかった。名和氏と弁護団は「報道は正確さを欠いていると言えるのに、北海道大学から各社に修正を求めていない」と批判している。

名和氏はメディアからパワハラ総長の烙印を押されながらも、外部に説明することを禁じられていたため、弁明する機会もなかった。

総長選考会議が解任を申し出て、文科省が結論を出さないまま一年が経とうとしていた二〇二〇年六月二五日、名和氏は初めて公に発言する。「北海道大学総長解任騒動に関する真相について」と題した文書を発表し、解任劇の主役が文科省であることや、これまでの経緯を明らかにした。

それからわずか五日後の六月三〇日に、文部科学大臣の萩生田氏から総長を解任されたのだ。

†パワハラの公益通報は存在しなかった

名和氏は全面的に闘うことを決心し、二〇二〇年一二月、国と北海道大学を相手取り解任処分の取り消しを求める訴訟を起こした。

名和氏は自分の非違行為についての相談受付や事実確認があったのかどうかを調べるため、北海道大学に情報公開を請求したが、大学は不開示としていた。そこで、総長選考会議や調査委員会の資料を不開示とした処分の取り消しを求めた訴訟も同時に起こした。

すると、二〇二一年三月、不開示処分の取り消しを求めた訴訟で新たな事実が明らかになる。名和氏の解任処分の根拠とされた、パワハラの公益通報に関する文書などが存在しないことを、大学が明らかにしたのだ。

情報公開請求に対して、大学は二〇二〇年一一月に「存在応答拒否」による不開示を決定していた。「非公表を前提とした事実を特定することにより、相談者が安心してハラスメント相談をする権利が侵害され、開示請求者以外の個人の情報を特定されるおそれがあること」という理由から、相談や調査についての資料の有無を答えていなかった。

それが、裁判が始まった後、北海道大学はこの決定を次のように変更する。

不開示については「開示請求者以外の個人の権利利益を直ちに害するおそれは少ないものと判断」して、処分を取り消した。その一方で、「請求する個人情報は保有していないことから、不存在のため不開示」と新たに決定した。

「請求する個人情報を有していない」とは、名和氏からハラスメントを受けたという相談がなかったことを、大学が事実上認めたことになる。

これは同時に、学内の公益通報処理規程に基づかない手続きにより、名和氏を解任したことを認めたにも等しい。「正当な理由なき解任」である可能性が高まったと言える。

名和氏の弁護団長を務める佐藤博文氏は、「ハラスメントに関する文書の不存在を認めさせたことは大きなターニングポイントになった。なぜパワハラが一人歩きしたのかも重要な問題だ」と裁判で追及する構えを見せている。

裁判は二〇二二年一一月現在、名和氏が解任処分の取り消しを求めた件と、北海道大学が調査報告書の資料を黒塗りで公開した部分について、名和氏が不開示処分の取り消しを求めた件の二件で係争中だ。

†解任決議の旭川医科大学学長は辞任で幕引き

ところで二〇二一年六月、北海道大学に続いて、学長選考会議が学長の解任を文部科学大臣に申し出た国立大学がある。それは、同じ北海道にある旭川医科大学だ。

解任が決議されたのは、当時学長の吉田晃敏氏だった。吉田氏は新型コロナウイルス感染症が拡大するなか、クラスターが発生した旭川市内の病院に対して「コロナを完全になくすためには、あの病院が完全になくなるしかない」と学内会議で発言したほか、大学病院のコロナ患者受け入れをめぐり、受け入れを増やすことを主張した院長を解任するなど物議を醸した。

吉田氏の言動や行動に反発した学内からは、学長解任を求める署名が集まった。学長選考会議は吉田氏のパワハラや不適切支出などを認定し、学長として不適格だとして、文部科学大臣に解任を申し出た。

ところが、学長選考会議がすでに次期学長を選考しているにもかかわらず、当時大臣だった末松信介氏は、なかなか申し出に対する結論を出さなかった。

医科大学の場合、トップが不在では大学運営にも病院運営にも支障が出てくる。学長選考会議はこの状態で年度をまたぐのは大学としても難しいと判断したのか、二〇二二年二月末に解任の申し出を取り下げて、吉田氏から出ていた辞表を受理する。すると大臣はこの判断を受け入れた。辞職となったことで、吉田氏には退職金が支払われることになった。

旭川医科大学の関係者は「文科省が解任に消極的な姿勢だったことに憤りを感じる。辞表を受け入れたのは苦渋の決断だった」と明かす。

北海道大学では、学内での議論がないままに総長選考会議が総長の解任を申し出て、文部科学大臣が総長を解任した。その一方で、学内の多くの教職員から上がった声を元に学長選考会議が判断した、旭川医科大学の学長解任請求には消極的な姿勢を見せ、最終的には辞職での幕引きとなった。

両大学に対する異なる対応は、文科省のダブルスタンダードと言わざるを得ない。文科省がなぜこのような対応をとったのかは明らかになっていないが、国の意向に沿わないトップだけを解任したことが事実として残った。

†一日だけの総長復帰を打診

名和氏が国と北海道大学を訴えた裁判も、長い年月がかかることが予想される。この裁判では市民団体の「北大クライシスの会」や、北海道大学教職員組合なども名和氏を支援していて、名和氏は裁判を通して解任の謎を明らかにしたいと考えている。

しかし、国と北海道大学が、公益通報が存在しないことや、正規の手続きに則って処理されていないことを、明確に説明するのかどうかは不透明だ。

裁判の途中に不可解な動きも起きている。二〇二二年一月、名和氏に大学の元部下から連絡が入った。この元部下は、四月から文科省の外郭団体の理事に就任するという。その連絡の内容を、名和氏が次のように明かす。

「一日だけ私が総長に復学する可能性をほのめかしてきました。復学することで、退職金を払って、私の名誉を回復する形で、新聞報道なども最小限にしてこの問題を終わらせようとしているのではないでしょうか」

この申し出に対して名和氏は、仮に応じるのであれば、関係する多くの人たちとの話し合いが必要だと答えた。その後、三月に再び元部下と会ったが、元部下は一日だけ復帰する話には触れなかったという。

「おそらく、選考委員会の議長や調査対象となった教職員らが証言台に立たされることになると大変なので、その前に決着を図れないか探りを入れてきたのでしょう。公益通報がなかったことは裁判で明らかになっていますし、調査委員会による調査内容も公表できるような内容ではないかもしれません。調査を受けたある人物も、「こんなことは言わなかったと思うような内容が報告書に書かれていた」と話していました。国と北海道大学が間違っていたと認めない限り、問題は解決しません」

名和氏が裁判を通して求めているのは、自分の解任をめぐり何が起きていたのかを明らかにすることだ。

「勝つとか負けるとか以前に、上に立つ者が間違いを認め、みんなが希望を持てる社会を作っていくことが重要です。北海道大学を創設したクラーク博士の"Boys, be ambitious!"という言葉は、名声でもなく、お金でもなく、人として為すべきことをするのが大事で、そのような社会を実現するために大志をもってそれに挑め、との文脈で語られました。私が裁判で真相解明を求めているのは、クラーク博士が語ったことにつながります。裁判を闘い抜くのが、北海道大学の元総長としての仕事だと思っています」

総長解任の「謎」が明らかになるかどうかは見通せていない。

3　国立大学学長選考の闇

†トップの「独裁化」が進む国立大学

「学長が教授会を無視して学部長や教授の人事を決めてしまう」
「学長の任期上限が撤廃され、生きている限り学長を続けることが可能になった」
「総長選考で教員からの投票でトップだった人物が、意図的に候補者から外された」
「学長や幹部の一方的な判断で、外国語や人文科学系の教員が大幅に減らされている」

大学のトップによる「独裁」とそれに伴う弊害が、オンラインの場で次々と報告される。報告しているのは、すべて国立大学の教員だ。

このオンライン集会は、二〇二一年四月一九日に衆議院の院内集会として開かれた。本来なら議員会館が会場になるが、新型コロナウイルス感染症の影響からオンラインで開催された。

報告したのは、東京大学、京都大学、北海道大学、筑波大学、山梨大学、福岡教育大学、大分大学に所属する教授や名誉教授だった。京都大学や北海道大学以外でも、トップによる一方的な教育と研究内容の変更や、総長や学長の選考をめぐる問題が表面化していた。

これらの問題が起きるようになったのは、すでに触れた二〇一四年の国立大学法人法と学校教育法の改正がきっかけになったと考えられている。国立大学に準じて順次法人化されている公立大学でも、同様の問題が起きているところがあった。

総長や学長の権限が強まった結果、大学によって違いはあるものの、全国の国公立大学で「独裁化」が進んでいるのだ。

さらに二〇二一年の通常国会には、国立大学法人法のさらなる改正案が上程された。オンライン院内集会は、この改正案に反対する大学関係者が参加したものだった。

改正の内容は、学長選考会議を「学長選考・監察会議」に名称を改め、選考会議と監事の権限を強めることだった。加えて、監事は学長に不正行為や法令違反があると認めたときは、会議に報告し、会議は学長に職務の執行状況について報告を求めることができる、とされている。

この法改正は、学長を監視する権限を「学長選考・監察会議」に持たせるとともに、監事の権限を強化するものだ。

しかし、「学長選考・監察会議」の委員の選び方についての規程はない。これまでと同様に学長が人選するのであれば、学長の権力は温存されることになる。

その一方で、国の方針に刃向かう学長であれば、文部科学大臣が任命する監事の報告によって解任に追い込むことができる。

京都大学の吉田寮では監事の強い意向が大学の強硬な姿勢を後押しした。総長選考会議が秘密裏に解任に動いた北海道大学の名和氏の問題では、監事は表に出てこないものの、選考会議の動きを容認していることは間違いない。

法改正は、二つの大学で起きた問題を解決するのではなく、逆に同じようなケースを増やすことにつながりかねない。

オンライン院内集会でも、法改正に対する危機感が各大学の教員から報告された。国の意向に沿ったトップの暴走や、教員の手を離れたところで決められる不透明な学長選任が問題になっている。

集会で報告された事案から、筑波大学、大分大学、東京大学のケースを具体的に見ていきたい。

†学長任期撤廃で「独裁化」の筑波大学

筑波大学の学長選考に学内から疑問の声が上がったのは二〇二〇年だった。学長の永田恭介氏は二〇一三年、前学長の任期途中での退任を受けて就任し、ここからの二年に加え、二〇一五年からの本来上限と定められた二期六年を務めて、二〇二一年三月をもって任期を終えるはずだった。

ところが、学長選考会議は学長任期の上限を撤廃してしまう。さらに、教員による意向投票を廃止した。このため、教育研究評議会が意見聴取という形で投票を実施する。もっとも票を集めたのは別の候補で、その票数は永田氏が獲得した票の一・六倍にのぼった。投票率が低かったこともあり、永田氏が獲得した票は、有権者の約一割程度しかなかった。

それでも学長選考会議は、意見聴取は選考には直接関係のない情報だとして、永田氏を再選した。

教員有志で構成する「筑波大学の学長選考を考える会」は、文科省で記者会見し、「学長選考方法の変更は永田氏の再選を前提としたもの」だと批判した。

すると、選考会議の議長を務める元関西大学学長の河田悌一氏は「変な会がいちゃもんをつけた」と言い放つ。大学執行部も「考える会」に対し、脅しとも言える強い姿勢を見せる。

筑波大学教授で「考える会」共同代表を務める竹谷悦子氏は、大学から受けた脅しを次のように証言する。

「大学は当初、私たちが問題点を主張するたびに、抗議を含んだ通知文を送ってきました。

さらに、私たちが国会議員と文科省を通じて是正措置の要求をすると、大学は「虚偽の事実により、本法人の信用を故意に失墜させる行為を取られるのであれば、その回復のために必要な措置を講じざるを得ないことを予め付言いたします」と恫喝してきました。これに対して、虚偽の事実を具体的に示すことや、必要な措置は何に基づくのか示すことを求めると、今度は「回答する必要性も義務もありません」と言って、何も答えません。これが国立大学のあるべき態度でしょうか」

永田氏は、全国八六の国立大学で構成する国立大学協会の会長を二〇一九年から務める。だからなのか、国との距離の近さが窺える。

教員が問題だと感じていることの一つが軍事研究だ。筑波大学は二〇一九年一二月、防衛装備庁の研究助成制度「安全保障技術研究推進制度」に応募し、採択された。

実は筑波大学は、二〇一八年一二月の段階で軍事研究を行わないと発表していた。にもかかわらず、学内のほとんどの教員や学生が知らないまま応募し、一年後に採択された。予算は五年で最大二〇億円が助成されるもっとも規模が大きなタイプSで、採択された大学は筑波大学が初めてだった。

もう一つの問題は、二〇二〇年一〇月に指定国立大学法人に選ばれた経緯だ。

指定国立大学法人は、東京大学、京都大学など、世界最高水準の教育研究を行う大学を指定する制度だ。

筑波大学が応募の際に掲げた柱は、大学発スタートアップの累計数を現在の三倍の五〇〇件にすることや、外国人学生を一〇年後に五〇〇〇人に増やすこと、それに論文の数を増加させることなどだった。しかし、その方針が学内に説明されたのは、指定された後だった。

しかも、外国人学生を増やすことについては、ベースとなる現状の外国人学生の人数が水増しされていた。

大学は指定国立大学法人に申請した際の構想調書で、外国人学生数を三五三七人と報告していた。これは世界大学ランキングを毎年公表しているイギリスの教育専門誌「THE(Times Higher Education)」に対して、全学生に占める外国人学生の割合が二一%であると報告したことを基に、この割合から計算した数字だった。

ところが、実際の外国人学生の割合は一二・六%だった。「THE」からは後日、実際と異なる数字を報告していたことが認定された。

しかも永田氏自身、学内で開催した指定国立大学法人の説明会で、留学生と呼べるビザを持った外国人学生が、当時二六〇〇人しかいなかったことを明らかにしていた。

前提となる数字が水増しされていたことに「考える会」は抗議した。大学側は「一〇年前からやっていた」と説明したものの、その責任の所在は有耶無耶になっている。

このほかにも、政府や自民党の意向に沿うかのように、産学連携を強化する一方で、人文社会系の教員を大幅に減らしてきた。それらの決定も教員の意見は聞かずに、永田氏や執行部の独断によって進められている。

竹谷氏は「考える会」を結成するきっかけになった二〇二〇年に行われた学長選考のプロセスが、いまだに不透明なままだと憤る。

「学長の任期を撤廃する際、役員会による議が省略されるなど、法人規則に則った手続きは行われていません。大学は法人規則の制定改廃手続きを、内部文書によって変更していたと苦しい説明をしていますが、内部文書よりも法人規則が優先されるのは当たり前です。このような違法な行為で任期を撤廃して、永田氏はいつまで学長として居座るつもりなのでしょうか」

学長選考会議は二〇二〇年に学長選考要項を変える。永田氏が再任の意思を示せば、次の任期となる二〇二四年四月からは選考会議が「可」と判断するだけで再任されるという。「独裁」体制はいつまでも続けることが可能になった。

†学部長も教授も学長が決める大分大学

学長の任期が撤廃され、以前に定められていた任期を超えて就任している国立大学は他にもある。その一つが大分大学だ。

任期を撤廃したのは筑波大学よりも早い二〇一五年。学長の権限を強化した学校教育法と国立大学法人法が改正された翌年だ。学長選考にあたっての意向投票も同時に撤廃した。

大分大学の学長には、北野正剛氏が二〇一一年から就任している。九州大学医学部を卒業した医師で、大分医科大学の教授などを歴任した。大分医科大学と大分大学は二〇〇三年一〇月に統合され、翌年の四月に現在の国立大学法人大分大学が設置された。

北野氏は学長任期を撤廃した頃から、専制的な人事を行うようになる。二〇一六年に新設した福祉健康科学部では、設置準備を主導していた教授がいたにもかかわらず、別の教授を学部長に指名した。しかし、この学部長は出張費を不正受給していたことが判明し、二〇一九年三月に停職一〇ヵ月の懲戒処分を受けている。

大きな問題になったのは、二〇一九年八月に実施された経済学部長の選考だ。

学部の要項では、学長に意見として挙げる推薦候補を教授会で選ぶことを定めていた。教授会はその要項通りに選挙をし、候補者を選んだ。

しかし、北野氏は候補者の名前を聞くことを拒否した。候補者の名前を聞くようにと要請した経済学部長や教授らの声は聞かずに、別の人物を学部長に決定したのだ。

さらに、大学執行部は教授会を否定する行動に出る。経済学部の一連の行為が「大学の規程に触れるおそれがある」として、一方的に第三者委員会を設置する。委員会は学部の要項とその運用は大学規程に抵触するとして、経済学部の教授会を悪者扱いした。

その結果、新たな学部長の下で要項は廃止され、今後は学長が教授会の意見にかかわらず、学部長を決められるようになってしまった。

北野氏があらゆる人事に介入する状況に、大分大学の教員OBらは「大分大学のガバナンスを考える市民の会」を結成した。「ルールを無視した学長が、ルールを守るよう要請した学部長と学部を非難した」と指摘している。

人事をめぐる問題は、医学部でも起きた。

二〇一九年、教授の採用を進めていた医学部では、教授候補者選定委員会の選考と、教授審査委員会の投票を経て、九月の人事会議で附属病院の部長として勤務する准教授が、次期候補者に決まっていた。

しかし、一一月になって北野氏は、いつのまにか別の人物を教授にすることを医学部教授会に通知する。メールで会議を開いたことにして、人事会議の決定を覆したのだ。

候補者に決定していた准教授は合併前の大分医科大学出身者だった一方で、最終的に選ばれた人物は北野氏と同じ九州大学医学部出身だった。ある教員ＯＢは「学閥争いが影響したのではないか」と疑念を持ち、県内の医療関係者からは「やりすぎだ」との声が上がった。

決定を覆された准教授は二〇二〇年一月に大学を退職し、同月、候補者の決定を学長である北野氏が覆したのはアカデミック・ハラスメントであり、人権を不当に侵害する行為に該当するとして、大分県弁護士会に人権救済を申し立てた。

この申立てについて、弁護士会は二〇二二年三月に人権救済の措置を採るには至らないとして「不処置」とする判断を示した。この判断に対し、元准教授の代理人である井田雅貴弁護士と松本佳織弁護士は次のように苦言を呈している。

「弁護士会は、対外的な関係性を過度に慮り、大学の内部自治を理由に、勧告などの措置をすることに消極的な判断を下したと考えられます。明確な手続き違反が行われ、内部自治では対処できない問題であるにもかかわらず、弁護士会が人権救済申立てに対して、しかるべき役割を果たさなかったと言わざるを得ません。重大な手続き違反を行っている機関において、内部自治に頼ることが適切でないことは明らかです」

北野氏は人事以外にも、学内の意見を聞かずに物事を決めるという。その一つは、筑波大学と同じように軍事研究だった。教員ＯＢらが立ち上げた市民グループからの抗議を意に介さず、筑波大学も採択されている防衛装備庁の制度に応募し、二〇一八年に三年で最大一三〇〇万円の助成を受けるタイプＣに採択された。

また二〇二〇年六月には、医学部にメディカル・イノベーション学科を開設する構想を発表したが、「大学内での検討をほとんど経ずに新学科の構想が決まった」と戸惑う声が学内から出ていた。この学科は先進医療科学科の名前で、二〇二三年四月に新設される。

大分大学は、学校教育法の改正によって学長の権限が強化できると考えて、全国に先駆けて「独裁化」を進めたケースとも言える。「市民の会」に参加する教員ＯＢは嘆く。

「大分大学は学長が自由にすべてを決められる大学になってしまいました。学長が長期にわたって独裁的な権限を行使すると、構成員の意欲がそがれ、組織としても活気が失われます。最終的に不利益を被るのは学生です。本当にこのままでいいのでしょうか」

†東京大学総長選考のブラックボックス

学長の任期を撤廃した筑波大学や大分大学が独裁化の先頭を走る一方、二〇二〇年頃からは他の大学も追随する形で、総長や学長の選考が不透明になっていく。

トップの不透明な選考は、日本最高峰の大学である東京大学でも起きた。

問題が表面化したのは、二〇二〇年九月に開催された総長選考会議だった。二〇一五年から総長を務め任期満了を迎える五神真氏の後任を選考するもので、第一次候補者の中から最終的な候補者を選定する意向投票が非公開で行われた。

第一次候補者は、七月に実施された教職員の代表である代議員の投票によって一〇人が選ばれていた。内規では意向投票を行う候補者を、三人以上五人以内に絞り込むことになっていたため、選考会議は三人に絞り込んだ。

ところが、この選考会議にいくつかの疑惑が浮上する。

一つは、代議員投票の段階で一位の票を獲得していた候補者が、東京大学元総長で選考会議議長の小宮山宏氏による議事運営によって、意向投票を行う候補者から排除されたことだ。

小宮山氏は、代議員投票で一位の票を獲得した候補者に関する匿名の告発文、いわば怪文書を示すことで、候補者を排除するように議事を進行したとされている。

もう一つは、三人に絞り込む過程で、不明確な投票が繰り返されたことだ。「意向分布確認」なのか、「表決」なのかよくわからない投票が何度か行われた。「表決」であれば、議長や途中退席者の投票は無効になるはずだが、なぜか有効投票として認められていた。

このような過程で三人に絞り込まれた結果、人文系教員や女性教員の候補者がいないなど、多様性が欠如していた。

この選考会議の疑惑が浮上したことを受けて、内部から批判の声が上がる。

九月一六日、教員有志六人が選考会議に公開質問状を送った。問題視したのは疑惑の内容そのものよりも、不透明な候補者の絞り込みが非公開という密室の場で行われたことだ。

選考会議が教職員に出した各種の文書では、議長の小宮山氏の名前で「選考の透明性・公平性を一層高める」ことを謳っていた。しかし、実際に行っていたことは逆で、さらには箝口令じみた指示も出していた。

東京大学教授で教員有志代表の田中純氏は、疑問を持ったきっかけは、小宮山氏から教職員に向けるメールだったと話す。

「議長による「第二次総長候補者の決定について（通知）」というメールの末尾には、さりげなく「第二次総長候補者の氏名並びにこれらの資料については、学内のみに公表するため取り扱いにご留意願います」と書いていました。少なくとも前回の総長選考では、このような箝口令じみた要請はありませんでしたので、その異様さが気になりました」

有志の公開質問状のほか、現職の一五部局長による九月二四日付の要望書、翌二五日付の元理事有志一〇人による要望書などによって、総長選考会議の問題は表面化した。総長選考過程検証委員会が設置され、検証も行われた。ただ、小宮山氏による議事進行の不適切性が指摘されたものの、選考結果の妥当性は問われなかった。

選考の結果、総長には藤井輝夫氏が選ばれ、二〇二一年四月に就任した。

東京大学で起きた問題の背景もやはり、選考会議が自由に選考方式を決められるようになった国立大学法人法の改正だった。田中氏は次のように危機感を吐露した。

「選考会議の主体性を強調するあまり、我々教職員による意向投票が無力化され、一番身近なステークホルダーであるべき教職員が非主体化されている状況があると思います。そして学長選考会議の権限強化は、実質的には学長の権限強化に帰着するのではないでしょうか」

東京大学の総長選考に関する闇について、全貌は明らかになっていない。一方で、前総長の五神氏が選ばれた経緯にも、疑念を抱かざるを得ない状況が起きている。

経済産業大臣や自民党幹事長などを歴任した甘利明氏の興味深いインタビューが『文部科学教育通信』二〇一九年一一月一一号に掲載された。

甘利氏は経済産業大臣だった二〇〇六年頃、当時の内閣府総合科学技術・イノベーション会議（CSTI）議員だった橋本和仁氏から、東京大学の総長にしたい人物として、当時理学部長だった五神氏を紹介されたと明かしている。

甘利氏が「あなたが総長になったら私についてきてくれますか」と聞くと、五神氏は

「その節には一緒にやります」と答え、その後、実際に総長になった。

しかも甘利氏は、五神氏と橋本氏、ＣＳＴＩ議員の上山隆大氏、それに総理補佐官の和泉洋人氏や文科省教育局長とともに、大学改革の「構想を練ってきた」と語る。

その構想の一つがガバナンス改革だ。二〇一四年の学校教育法改正によってトップの権限を強化したほか、学長選考会議に外部の人間を入れるようにした。これらの改革は、自らが五神氏らとともに進めたものだとインタビューで答えている。監督官庁の文科省ではなく、経済産業大臣や経産省、官邸、自民党などの意向で大学のガバナンス改革が進められたこと自体、大きな問題だ。

法改正によって、総長選考はブラックボックス化した。この延長線上に藤井氏の総長選任があると考えるのは、自然なことではないだろうか。

†監事の権限強化と国の間接支配

各大学の教員が求めている正常化は、人事の秘密主義を廃して、学内の民主主義、大学の自治を取り戻すことにあると考えられる。言うまでもなく、大学は公共性の高い組織であり、社会に対する説明責任もあるはずだ。

しかし、二〇二一年の国立大学法人法の改正案は国会で可決され、二〇二二年四月に施行された。学長選考・監察会議という現場の教員とは離れた人々が強い権限を握り、学内の民主主義とは関係なくトップが決まる。学長を監視すると言いながら、そのメンバーは学長が選ぶことができる、抜け穴が残ったままの改正だった。

「法改正の本当の目的は、国による大学の間接支配にある」と懸念するのは、オンライン院内集会の呼びかけ人を務めた京都大学大学院教授の駒込武氏だった。院内集会で報告された事例は、駒込氏が編者となって『「私物化」される国公立大学』（岩波書店）として出版した。各大学に共通する問題を、駒込氏は次のように指摘する。

「問題の根底にあるのは、大学の運営が合議から専断へと変質していることです。同時に、総長とその取り巻きを通した、国の間接支配を強く感じます。国立大学は天領で、私立大学は藩だと例える方がいます。そして監事は、幕府が派遣したお代官様のようなものです。そして監事は、幕府が派遣したお代官様のお目付役と言えます。国が間接支配を通して、自由の気風を持つ学生の存在や大学の自治をなくしていきたいと考えているのでしょう」

二〇二一年の国立大学法人法の改正は、国の間接支配をさらに強化したものだ。そして、国の支配が強まった先にあるのが、大学の「私物化」だと駒込氏は警鐘を鳴らす。

「私物化の度合いは大学によって違っていて、東京大学や京都大学の場合はその芽が出てきているというレベルかもしれません。わかりやすい例は筑波大学です。学長やその取り巻きと文科省がもたれ合いの構造で、お互いの利益を得ている。つまり、学長は軍事研究を無理矢理受け入れることによって、文科省から名学長だと持ち上げられる。文科省の官僚は軍事研究にかたくなな国立大学の門戸を開かせたことで自分たちの手柄になります。そういう点で、大学の教育研究が誰のためにあるのか、何のためにあるのかを置き去りにして、大学トップと政府、文科省のもたれ合いのなかで私物化が生まれているのではないでしょうか」

国立大学が政府や文科省によって「私物化されようとしている」段階だとすれば、その先の「私物化されてしまった」大学もある。それは自治体の裁量に委ねられている公立大学だ。

国立大学の独裁化や国の間接支配が進むのと時を同じくして、自治体による大学の私物化が山口県下関市の下関市立大学で起きていた。

4　市長と取り巻きが破壊する下関市立大学

†始まりは下関市長の強引な縁故採用

「IN-Childという一つのテーマが出てきまして、沖縄県の琉球大学のハン先生という方がそれに取り組んでいる第一人者です。そういう人との出会いがあって、……市立大学でそういった要素を何か入れることができないかという考えに少しずつ行き着いていきました。……連携して下関市立大学にとって良い形が取れるのだったら、ぜひ温かいご理解をいただきたいなというところが私の思いです。先生方もいろいろなやり方とか、これまでやってきたことで考え方があるでしょうから、一気に乱暴にしようという気はさらさらないんですけど、まずは知っていただけると大変ありがたいなと」

二〇一九年五月三〇日、下関市長応接室に呼び出された下関市立大学の管理職教員は、市長の前田晋太郎氏の発言に耳を疑った。

IN-Childとは、障害のある子どもと障害のない子どもがともに学ぶ、インクルーシブ教育を研究する団体が進めるプロジェクトのことだ。前田氏は、インクルーシブ教育を下関市立大学に導入し、その主宰者であるハン・チャンワン氏を大学に招きたいと表明した。

しかし、下関市立大学は経済学部だけの単科大学である。突拍子もない提案に、教員らは戸惑うしかなかった。なぜインクルーシブ教育に興味を持ったのかを聞くと、前田氏は次のように答えた。

「最初は私を訪ねてきました、いきなり。議員さんでもないなぁ。会ってくれませんかと言って、一年半くらい前ですけど。それでちょっと私も興味がわいたというか。……塩野義製薬が彼らのバックについているんですね。資金提供しています。……副社長まで出てきましたからね。私が行ったら。……ハン先生にぜひ会ってほしいなと思う。すごく人間味があって、情熱的なんですよ。会う人会う人、バンバン説得していくんですよ。惹かれていくというか。ぜひ先生方にも、この人と何か一緒にやるっていうのは、IN-Child に限らず、下関の何か役に立ってくれる方になりそうだなと」

同席していた教員の一人は、こう振り返る。

「いったい何を言っているのかわからなくて、ポカンとしましたね。初めて聞いた話でしたから」

大学で新たな学部や大学院、専攻科などを設置する場合は、通常であれば学内での審議を経て決める。教員の採用についても同様だ。

下関市立大学では学校教育法や定款、大学の内規に従って採用方針を決定し、公募した上で、教授会や教育研究審議会で審議していた。仮にハン氏を採用するとすれば、最低でも五カ月はかかるだろう。

ところが、この日を境にすべての教員にとって思ってもみなかったことが次々と起こる。わずか五日後の六月四日、前田氏は当時の理事長の山村重彰氏宛に、文書で特別支援教育の専攻科の設置を要請する。山村氏は、下関市の元副市長だ。

すると、二日後の六月六日には学内説明会が開かれ、山村氏が専攻科を二〇二一年四月に新設し、ハン氏を教授で採用することなど、合わせて三人の教員を採用する人事を発表した。

必要な手続きとルールを完全に無視した方針に、教職員は大反発する。

六月二〇日に開かれた教授会は紛糾した。その席で山村氏は「市長の意を介して実行している」と説明したが、教員は「市長が素晴らしい人物だと言ったら資格審査なしに内定を出すなんて、大学としてあり得ない」と反発した。

川波洋一学長は専攻科設置と採用を決めようと教育研究審議会を招集するが、必要な審議を経ていないとして大半の教員が欠席し、三回にわたって流会した。すると、もう一つの決定機関であり、学外の委員中心で構成される経営審議会が、六月二八日に専攻科設置と採用を決定。市長の前田氏の発言からわずか一カ月たらずの出来事だった。

この決定に学内の専任教員の九割が反対を表明する。学内の定款や規程に違反していることと、採用に際して学長が教授会に意見を聞くことを定めた学校教育法にも違反しているとして、白紙撤回を求める署名を提出した。

この状況に文科省も苦言を呈する。採用の手続きが学内の規程に則っていないおそれがあることと、適切かどうかに疑義があると指摘し、大学に対し「規程に沿った適切な手続きを採ることが必要」とする「助言」を八月七日に行った。「助言」は行政上の措置で、指導に等しい。

ところが、前田氏は、これらの声を無視してさらなる暴挙に出る。

†市がルールを変更し大学を思い通りに

文科省から助言が出た翌月の下関市議会には、前田氏から下関市立大学の定款を変更する議案が提案された。

これまでの定款では、教育研究に関することと、教員の人事や懲戒に関する事項は教育研究審議会の審議が必要となっていた。それを、理事会の審議だけで可能にする提案だった。これでは重要な事項がすべて市の意向通りに決まることになる。教員らは反発したが、議会は市長派が多数を占めるため、議案は可決された。

一方でこのときの議会では、ハン氏が主催する団体に対する疑惑が議員の質問によって明らかになった。団体の住所が、大学の経営審議会の委員を務める人物が経営する企業と同じ場所になっていて、この人物がハン氏の財団の理事も務めていたのだ。

また、団体の設立時の理事には塩野義製薬のほか、保育事業を手掛け、のちにハン氏と共同で事業を立ち上げるパソナフォスターの幹部も名を連ねていた。「いったい大学を私物化して、何の商売をしようとしているのか」と教授陣は憤った。

市長の前田氏による大学への強引な介入は、他にも様々な憶測を呼んだ。

というのも、下関市は当時総理だった安倍晋三氏の衆議院選挙の選挙区であり、二〇一七年に四〇歳で初当選した前田氏は安倍氏の元秘書だった。

安倍氏は政府主催の「桜を見る会」に地元後援会員を数百人規模で招待し、公式行事を私物化したことや、前日夜に開催された懇親会の会計を政治資金収支報告書に記載しなかったことなどが問題になった。その際に前田氏は「何十年も応援した代議士がトップを取り、招待状をもらって、今まで応援してきてよかったなって、いいじゃないですか」などと発言したことで批判を浴びた。

また、ハン氏が以前教鞭をとっていた韓国のウソン大学は、安倍氏や、安倍政権で文部科学大臣を務めた下村博文氏が訪れたことがある大学だった。

しかも下村氏が大臣在任中の二〇一三年、文科省はインクルーシブ教育システムの構築事業を始めている。構築事業があることは、前田氏自身が最初に管理職教員を集めた際に説明していた。

果たして、こうした背景は偶然の一致なのだろうか。ハン氏の採用に、安倍氏や下村氏が関係しているのではないかと想像する関係者は少なくなかった。

ただ、そのような疑惑や憶測があってもお構いなしで、市長である前田氏の意向だけで大学の教育や研究、人事などが自由に決められる体制が事実上できてしまったのだ。

†着任前に理事に就任、二年で学長に

しかし、教員らにとっての本当の悪夢はここから始まった。

翌二〇二〇年一月、ハン氏は四月の採用に先駆けて、理事に就任する。そして、四月には二人の副学長ポストが新設され、ハン氏と、市職員OBで大学事務局長の砂原雅夫氏が就任した。

この人事だけでも驚きだが、問題は採用されたばかりのハン氏に、あらゆる権限が集中したことだ。引き続き理事として、教育、研究、経営すべてに権限を持つ立場になった。

副学長としては教育、研究に加え、大学院も担当した。

さらに、教員の採用や昇任に関する権限を持つ教員人事評価委員会の委員長と、教員懲戒委員会の委員長も兼任する。既存のハラスメント防止委員会を廃止して、新たに設置された相談センターの統括責任者にも着任した。

では、ハン氏が教員としてどのような教育を行っているのかというと、当初とは若干話が違ってきた。

この年の四月に設置されたリカレント教育センターの教授に就任し、ハン氏の弟子に当たる人物が准教授、講師に着任したほか、二〇二一年には大学院に教育経済学領域を新設した。ここにもウソン大学出身で、ハン氏も在籍していた日本の国立大学大学院医学研究科の後輩でもある二人を採用した。

同年四月には特別支援教育の専攻科も開講したが、定員一〇人に対し学生は四人に留まった。

そしてこの年には、下関市の有識者会議が、大学にデータサイエンス学部と看護学部を新設することに賛成する意見書をまとめた。これは、前田氏が公約に掲げた下関市立大学の総合大学化の方針に沿ったものだ。ハン氏ら執行部が、この新学部設置を推進していくことになる。

もはや大学の運営は完全に教員の手を離れてしまった。二〇二一年度からは教授会の定例開催はなくなり、教育研究に関わる重要事項の審議から大部分の教員が排除された。

関係者によると、ハン氏は教員の評価方法を大きく変えて、ハン氏が就任する以前には高い業績評価を受けていた教員に対して不当とも言える低い評価をして、研究費などを削減しているという。評価をポイント制にして、従来からある大学の紀要に論文を発表してもわずかなポイントにしかならない一方、ハン氏が主催する団体のホームページに論文を発表すれば、大きなポイントを付与する、といった具合だ。

そして、教職員が参加する学内意向投票を廃止したうえで、ハン氏は学長に選ばれ、二〇二二年四月から就任している。

ハン氏の学長就任と同時に、市からの天下りも強化された。理事長と事務局長には、いずれも市職員ＯＢが就いている。

さらに、市職員ＯＢで三月まで副学長だった砂原氏が特命教授に採用された。実務家教員ということだろうが、担当科目に係る学術論文もほとんどない職員ＯＢが、大学で一体何を教えるというのだろうか。

市長とその取り巻きによる大学支配は、公立大学としてもはや考えられないレベルに達している。

大学の私物化に加えて、ハン氏や大学幹部が行っているのは、自分たちの意に沿わない教員への弾圧とも言える行為だ。

†司法の場では教員側勝訴

ハン氏は二〇一九年六月に採用が決定したあと、自分の採用に反対した経済学部学部長の飯塚靖氏と副学部長の二人に対し、プライバシーの侵害と名誉毀損を受けたとして、損害賠償を求める民事訴訟を起こした。ハン氏側の主張は、人格に問題があるようにほのめかされ名誉を毀損された、などというものだった。

これに対し二人は、「採用に当たって人格面もよく調べるべきだと当然の発言をしただけだ」と反論していた。

一審の判断が出たのは二〇二一年四月だった。山口地方裁判所下関支部はハン氏の請求を棄却した。ハン氏は広島高裁に控訴したものの同年九月に棄却され、裁判は学部長と副学部長の勝訴に終わった。

二〇二〇年一〇月には、経営理事でもある学部長の飯塚氏が突然理事から解任された。きっかけは、同月に大分市で開催された大学運営のあり方を考えるシンポジウムだった。飯塚氏はこの場で大学の権限が学長やハン氏に集中し、教員が教育や研究、人事などの重要事項の決定に関われなくなっていることを、資料を使いながら報告した。

理事を解任されたのはその数日後だった。当初、解任の理由は明確にされなかったが、一一月になって初めて理由が説明された。シンポジウムに参加して報告したことが地方独立行政法人法第一七条に定める「役員たるに適しないと認める」行為であるとし、具体的には教員人事を不適切とする資料を公表するなど、理事会の決定事項を尊重しないことが「理事たるに適しない」というものだった。

この理不尽な解任に対し、飯塚氏は二〇二一年七月、大学法人に対して理事解任の無効確認と約二七〇万円の損害賠償などを求める訴えを山口地方裁判所下関支部に起こす。

飯塚氏によれば、教育研究審議会や経営審議会、理事会などの席で大学の正常化を求める訴えをしようとしても、審議から排除されることや発言機会を与えられないことが相次いだという。

なかでも二〇二〇年八月の理事会では、飯塚氏はハン氏から二度にわたり「制裁を求める」と発言された。当時の理事長の山村氏は、ハン氏を諫めるでもなく、提案を預かる趣旨の回答をした。このようにたびたび心理的な威圧を受け続けたことも、訴訟に踏み切った一因だと明かす。

「人格権の侵害とも言える数々の不当行為を受け、精神的に大きな苦痛を味わってきました。本学役員によるこうした不当行為は、私の人生でこれまで味わったことがない屈辱的なものであり、私の名誉を著しく毀損し、かつ精神的不調をもたらしました。こうした不当行為は断じて許すことはできません」

飯塚氏以外の教員に対しても、強引な懲戒審査などが相次ぐ。そのうち懲戒処分を受けた五〇代の教員が、処分の取り消しを求めて二〇二一年一二月に大学を提訴している。

しかしこの間、懲戒審査を受けた教員や、大学の現状に失望した教員が多数大学を去った。教員約六〇人のうち、半分近い教員が辞めていったが、大学は経済学部の教員の補充をほとんどしていない。経済を学ぼうと進学した学生たちは、希望していた授業を受けられなくなるなど不利益を被っている。飯塚氏は次のように訴える。

「本学の現状を嫌い、教育熱心で学生から人気があった若手や中堅の教員が多数転出してしまい、学生の期待を大きく裏切っています。こうした悲惨な状況を見過ごすことはできません。裁判を通して是正を求めていきたいと考えています」

†労働委員会は執行部の違法性指摘

下関市立大学執行部の横暴とも言える行為に対して、行政も否定する見解を示した。二〇二二年一月、山口県労働委員会が大学法人の不当労働行為を認定し、救済命令を出したのだ。

大学の教職員で構成する組合は、二〇一九年に大学の定款が変更されたことを受けて、教員の身分にかかわる義務的団体交渉事項である理事会規程、人事委員会規程、教員懲戒委員会規程などは、組合と協議するように再三要求した。

これに対し、執行部側は形式的な団体交渉を行ったのみで、一方的に新たな規程を制定した。このため、組合は労働委員会に救済を求める申し立てをしていた。

労働委員会は一月三一日、下関市立大学の対応を不当労働行為と認定し、誠実に団体交渉を行うことと、規程の適用はなかったものとして交渉を行う命令を出した。

加えて、命令書を受領してから二週間以内に、組合に対する謝罪文を見やすい場所に一〇日間掲示するよう求めた。

執行部は命令を不服として、中央労働委員会に再審査を申し立てた。その場合でも山口県労働委員会の命令は効力を有している。しかし、二週間が経っても謝罪文を掲示しなかったことに、批判の声が上がる。謝罪文は期限を数日超過した二月二四日になってようやく大学正門の脇に掲示された。

一連の経緯を見ても、下関市長とその取り巻きによる大学支配を巡る問題は、司法や行政の場で教員側を支持する判決や命令が出ている。市長と大学執行部側に問題があるのは明らかだ。

しかし、現状の国公立大学のガバナンスの仕組みでは、大学執行部による不当な行為があっても、運営体制を変えることはできない。

下関市立大学の問題は国会でも取り上げられた。問題が起きた当初は、指導に等しい「助言」を行った文科省だったが、その後は何もしていない。二〇二〇年二月の衆議院予算委員会で当時文部科学大臣だった萩生田氏は、次のように答弁した。

「直ちに何かの法律に抵触しているかと言われると、ここは我々も確信を持ってこの法律に違反しているという項目はございません。ただし、せっかく市長さんも新しいインクルーシブ教育を地元の市立大学でやりたいということであれば、やはり執行部と教員組織の間で意思疎通をきちんとしていただいて、皆さんから祝福されて学部はスタートするべきじゃないかなというのが基本的な考えなので、今のところ、ちゃんと説明責任を大学として果たしてくださいよと。（中略）大学の自治もありますから、何か文科省がいきなり入っていって行司役をやるという性格のものではないことはご理解いただけると思うので、しばらくしっかり地元の市立大学の中で対応いただきたいな、引き続き文科省としてできるアドバイスや助言はしていきたいなと思っています」

この後に文科省が事態の改善に動いた形跡は、表面上も、関係者の話からも、確認ができない。ここでも政権との関係が近い執行部は温存されるという、北海道大学の総長解任とのダブルスタンダードが垣間見える。

下関市立大学は、学長選考会議の規程を二〇二〇年に改定し、学長候補推薦の権限を理事会理事に限定するとともに、推薦には理事二人の連名が必要とした。

理事の中に教員の代表は一人しかいないため、この改定によって教員が学長候補者を推薦することも事実上できなくなった。教職員による意向投票も廃止された。教員らにとっては法廷しか闘える場所がないのだ。

下関市立大学は国公立大学において、トップによる独裁とその取り巻きによる大学支配が完成された、悪い実例の一つだ。学生の教育や研究のために投入されているはずの税金が、一部の人たちの「独裁化」や「私物化」のために費やされていることに疑問を持たざるを得ない。

5 強まる政府による大学支配

†国立大学を狂わせた法人化

大学関係者の多くは、「二〇〇四年の国立大学法人化は失敗だった」と語る。

複数の文科省OBによると、当時、自民党の議員からは、国立大学を民営化すべきという声も強かったという。民営化を防ぐための着地点を考えた結果、行政改革の一環として一九九九年に成立した独立行政法人通則法を準用する形で、国立大学の法人化が実施されたのが実態だったようだ。

法人化によって、表向きは国による予算や組織などの規制は大幅に縮小され、大学の自律的な運営が確保されることが謳われた。しかし、実際に行われたのは予算の削減だった。

法人化前の国立大学に対する政府の支出は、一般会計から国立学校特別会計への繰入金だった。繰入金を引き継ぐ形で、法人化後に政府から各大学に支出されたのが、運営費交付金だ。ところが、運営費交付金は二〇〇四年度から一〇年間にわたって毎年一％削減された。繰入金には教職員の人件費は義務的経費として含まれていたが、法人化で教職員は非公務員化され、運営費交付金に人件費は含まれなくなった。予算の削減は、教育と研究にも支障をきたした。

予算を大幅に削られた大学は資金不足を補うために、競争的資金の獲得を目指す。しかし、実績のある大学がより多くの予算を獲得するため、有力な大学と地方の大学の格差もますます広がっている。

国立大学法人化の方向を決めた当時の文部大臣は、東京大学総長などを歴任した有馬朗人氏だった。有馬氏自身がのちに、「国立大学法人化は失敗だった」と語っている。有馬氏から直接話を聞いた、元北海道大学総長の名和氏が次のように振り返る。

「有馬先生が二〇二〇年一二月に亡くなる前に、何度かお会いしました。有馬先生は「大学改革をするときに、予算を減らすことはないことを確認したんだ」と私に何度も話していました。にもかかわらず文科省が予算を削ったことに対して、「僕はこの大学改革は失敗したと思っている。独立法人化したことが悪いのではなくて、予算を削減したことが悪い」とおっしゃっていました」

予算を締め付けることによって、法人化をしても、国が国立大学の生殺与奪権を握ることに変わりはなかった。

†国立大学に対する「国家統制」

予算の削減に加えて、国立大学法人に対して政府が進めてきたのが国家統制とも言うべき政策だろう。ここまで触れてきたように、国立大学法人化とともに進められたガバナンス改革によって、学長の権限が強化された。教育研究評議会や教授会などによる合議によって決めていくのではなく、学長がトップダウンで決定することが可能になった。その結果、学長の独裁化が顕著な筑波大学や大分大学などが、学内の教員の反対の声を無視して軍事研究に応募し、採択されている。

また、国立大学法人は六年ごとに中期目標を定め、中期計画を策定する。政府は目標達成の状況を評価し、国立大学の組織や業務などを改廃する権限を持っている。

法人化した当初、国家による学問の自由の侵害や、大学に対する国家統制を招きかねないといった批判に対し、文科省は国立大学法人自身が中期目標の原案を作ることでその心配はないと説明していた。しかし、実際には文科省は中期目標の原案作成に介入を繰り返している。政府与党や経済界の意向に沿った中期目標を作らざるを得なくなっているのだ。

そのためには、政府に従順なトップが選ばれる必要がある。そこで教授会ではなく選考会議に学長選考の権限を集中し、トップ自身が政府の意に沿わない場合は解任できる体制を整えてきた。二〇一四年の学校教育法や国立大学法人法の改正以後、本章で触れてきた改正後の学問の自由や自治の破壊、北海道大学総長の解任、執行部の独裁化などは、国家統制を進めた結果として起きたことではないだろうか。

まずは地方の大学で学長選考の際の意向投票の廃止や、任期の上限撤廃が始まり、それが東京大学や京都大学をはじめとする全国の大学に広がっていったかのように見える。学内の教職員の意向と関係なく国立大学のトップが選ばれることは、二〇二二年の時点ではもはや当たり前になっている。

†「稼げる大学」とは誰のための大学か

この方向性がさらに強まるのではないかと懸念される法律が、二〇二二年に成立した。それが国際卓越研究大学法だ。国際卓越研究大学とは、日本の研究力を強化し「稼げる大学」、という触れ込みだ。

国際卓越研究大学には五〜七大学ほどが認定される見込みで、政府が創設した一〇兆円規模の大学ファンドの運用益によって支援する。運用は年三%を目標としており、単純に計算すれば最大で年間三〇〇〇億円を分配することになる。五大学に分配すれば、一大学あたり六〇〇億円だ。これは、運営費交付金で見ると、二〇二一年度に全国二位の五七三億円が交付された京都大学を上回る規模になる。

二〇二二年一二月から公募が始まり、二〇二三年度に最初の認定大学を決定し、実際の支援は二〇二四年度から始まる予定だ。東京工業大学と東京医科歯科大学は二〇二二年一〇月、国際卓越研究大学の認定を目指すことを前提に、二〇二四年度の統合に向けて基本合意書を締結した。

研究力の低下が指摘されている日本の大学にとって、国際卓越研究大学の認定は一見画期的な政策のように聞こえるかもしれない。しかし、実際にはこれまでの大学のガバナンスを大きく変えて、国内トップレベルの大学を政財界の意のままに動かそうという意図が透けてみえる。

簡単に問題点を指摘しておきたい。一点は認定された場合、大学の運営が政財界に握られることだ。認定は文科省が行うが、計画の認可やモニタリングは内閣総理大臣と財務大臣、内閣府総合科学技術・イノベーション会議（ＣＳＴＩ）の意見を聞くことが求められる。ＣＳＴＩは議長が総理で、議員は官房長官ら閣僚六人と総理が指名した有識者七人、それに日本学術会議会長の一四人で構成される。有識者のうち三人は財界関係者だ。専門家ではないメンバーが巨額の助成を行う大学を決めることに、強い違和感を感じる。

二点目は、認定された大学はガバナンス体制を変更しなければならないことだ。学外者を過半数とする「法人総合戦略会議（仮称）」が最高意思決定機関になる。大学のあらゆる事項を政財界関係者が決めて、政治判断が優先されることになってしまう。

三点目は、「稼げる大学」として、年三％程度の事業規模の成長が求められることだ。達成できない場合は認定を取り消すこともあり得るとされる。しかし、三％の成長が求められる根拠は不明で、その一方で学費の上限の撤廃が盛り込まれている。つまり、目標達成のために大学の授業料が大幅に値上げされる可能性も否定できない。いったい誰が「稼げる」大学なのか、よくわからないのだ。

問題点は他にもあるが、これまでのガバナンス改革の経過と照らし合わせてみると、大学の運営を教授たちの手から離した上で、政治家によってグリップを握る一つの完成形が国際卓越研究大学なのかもしれない。その先には、政治家や経済界の主導で大学の「私物化」や、大学での軍事研究が加速する可能性がある。

国際卓越研究大学をめぐる動き以外でも、国立大学では今後人文科学系学部の縮小・廃止や法人統合の加速が予想される。しかし、そこに学問の自由や学生の教育のためといった視点は見えない。国立大学は誰のために存在しているのかわからなくなりつつある。

国立大学でガバナンスの問題が噴出するのと時を同じくして、私立大学にも独裁化や私物化が目立つ大学が現れている。大きな混乱が生じている大学を次章で見ていきたい。

第 二 章

私物化される私立大学

1 「教育より収入」変質した山梨学院大学

†まるでベンチャー企業の経営者

「古屋光司理事長兼学長は二〇一八年四月に就任して以来、まるでベンチャー企業の経営者にでもなったかのような気分で大学を弄んできました。不透明な財政支出も少なくありません。税金を原資とした公的資金が投入されている学校法人を、自らの個人経営の商店であるかのように勘違いしているのではないでしょうか」

憤りながら打ち明けたのは、山梨学院大学に長年勤務する教授だ。この教授以外にも学校法人山梨学院に勤務する多くの教職員が、古屋光司理事長兼学長による経営方針に大きな疑念を抱いていた。

山梨学院大学は山梨県甲府市に広大なキャンパスを構え、法学部、経営学部、健康栄養学部、国際リベラルアーツ学部、スポーツ科学部の五学部六学科と大学院を持ち、約四〇〇〇人の学生が通う。学校法人は幼稚園、小・中学校、高校、短大も有している。

学校法人が教職員から見て「変質」したと感じるようになったのは、古屋光司氏が二〇一八年四月、父親の古屋忠彦氏の跡を次いで理事長兼学長に就任してからだった。

古屋氏は司法試験に合格して弁護士登録をしたのち、二〇〇六年四月から法人本部で勤務していた。副学長などを歴任し、理事長兼学長になったのは三九歳のときだった。

大学の学長としては全国最年少で、若い経営者への期待もあったかもしれない。ところが、就任後すぐに自分に近い人物を要職に登用し、腹心と言われる准教授を副学長に据え、二〇一九年には同じく准教授だった自分の妹を副学長にした。さらに、民間企業からの転職者を二〇一九年から各事務部門の管理職として任用する一方、自分の意に沿わない教職員には左遷とも言える強硬な人事を行った。

教職員の不信感が決定的なものになったのは、二〇一九年四月一日に行われたキックオフセレモニーだった。古屋氏は教職員に対し、人事政策について次のように書かれた資料を示す。

質の高い教育サービスの提供≠給料が上がる
収入が増える＝給料が上がる

主張しているのは、質の高い教育サービスを提供しても給料が上がることにはつながらず、学校法人の収入が増えることだけが給料が上がる要因になる、ということだった。つまり、質の高い教育よりも利益を追求し、利益が増えない場合は教職員の給料を下げることを意味している。

ただ、大学は定員も決まっており、大きく利益を伸ばせる事業ではない。大学はそもそも赤字で、山梨学院で黒字の部門は高校と短大しかなかった。後述するが、古屋氏はこの方針通り、教職員に対して給与の大幅削減を実行する。

さらに、教授会で示した資料では「本学は、あくまで教育に特化する」として、「従来の日本の大学に見られる典型的な「研究者教員」を望む人は、今後、本学とのマッチングはない」と説明した。

研究者はいらないと言っているに等しいが、大学は「研究」と「教育」を両輪としているのは言うまでもないはずだ。古屋氏のこうした説明に、教職員からは驚きの声が上がった。

「大学がおかしな方向に進んでいるのは明らかです。以前の山梨学院は普通に学問ができる場所でした。軌道修正してほしい」

「私たちは教育の質を上げていくことを考えて、研究にも打ち込んできました。収入増を考える人だけが認められるという話はごもっともかもしれませんが、私たち教育者に言うセリフではありません。発言を撤回してほしいと思っています」

しかし、こうした声は届かず、それどころか違法性まで疑われるような問題が次々と明らかになっていった。

†労基署からの勧告を無視して大量雇い止め

古屋氏が就任後すぐに取りかかったのは、従来から働く教職員の人件費を削減することだった。最初に非常勤講師の定年切り下げや雇い止めが実施されたものの、行政機関からその違法性が指摘されることになる。

二〇一九年一月二八日、甲府労働基準監督署は学校法人山梨学院に対して立ち入り調査を実施して、指導と是正勧告を行った。理由は、労働基準法に定められた手続きをとることなく、非常勤講師の定年を七〇歳から六五歳に切り下げることや、六五歳以上の講師を三月末で退職させることなどを定めた就業規則を作成していたためだ。

労働基準法では、労働者の過半数が所属する労働組合がない場合は、就業規則を作成、もしくは変更する際、すべての労働者の中から過半数代表者を選んで意見を求めることが定められている。違反すれば、三〇万円以下の罰金が科される。

にもかかわらず、山梨学院は勝手に就業規則を作成した。在籍していた約一五〇人の非常勤講師たちはこのような就業規則が作られていたことを知らされないまま、多くの人が雇い止めを通告されていたのだ。

労基署は山梨学院に対し、就業規則に盛り込まれた非常勤講師にとって不利益な変更内容の取り扱いを再度検討するとともに、法律に沿った手続きをやり直すことを求めた。労基署がこれだけ明確に指導し、是正を勧告するケースは学校法人では全国的にも珍しい。それほど悪質だったと言えるだろう。

しかし、山梨学院はこの是正勧告を無視するに等しい態度を取っている。

勧告を受けた二カ月後の三月、就業規則変更のための過半数代表者選挙は実施した。ただ、就業規則の改定案は、前回とまったく同じ内容だった。非常勤講師にとって不利益な変更は再度検討するようにという指導を聞き入れていない。

しかも、選挙は大学が春休み中の三月末に実施することになった。立候補期間は土曜、日曜を除くと三日間しかなく、投票期間も二日間だけ。多くの人が選挙を知らないまま終わってしまうと危機感を抱いた教員らが立候補して、山梨学院側が擁立した候補ではない教員が当選した。

この教員は就業規則改定に対する意見書を書いたが、「定年の引き下げなどの不利益変更をしないように」と書いた部分を削除させられた。この書き直し要求は、労働基準法の施行規則に抵触する。だが山梨学院側は「（過半数代表者の）意見が（就業規則に）反映されるものではないから」と、そのまま就業規則を労基署に届け出て「法的に有効」と主張した。その結果、少なくとも二〇人以上の非常勤講師が不当に雇い止めされたとも見られている。

山梨学院は専任の教職員に対しても、前述のキックオフセレモニーで方針を示しただけで、事前に説明をしないまま給与の大幅な引き下げを断行した。二〇一九年四月から、期末手当をそれまでの年間五・一カ月分から、評価によって三・〇〜四・六カ月分に変更している。平均的な評価を受けた場合は三・八カ月分なので大幅ダウンになる。

さらに、赤字の部門は期末手当を年間二・〇カ月分にすると一方的に通告してきた。黒字の部門は一部に限られるので、大半の教職員が二〇二〇年度には期末手当を年間二・〇カ月に下げられることになった。

古屋氏による経営方針や人件費削減などを受けて、退職者も続出する。正式な数字は明らかになっていないが、関係者によると職員だけで二〇一八年度と二〇一九年度の二年間で五〇人以上が退職したと見られている。

不当とも言える労働環境の悪化に対して、教職員が立ち上がる。二〇一九年八月には初めての労働組合となる「山梨学院ユニオン」が結成された。

†妻の会社に発注も金額は明かさず

山梨学院が経営難の状態にあり、人件費削減をしなければ存続できないというのであれば、教職員も納得するだろう。しかし、法人の資産総額から負債総額を引いた正味財産は四〇〇億円以上あった。

しかも、人件費を削減する一方で、古屋氏による私利私欲とも言える支出が明らかになった。妻が経営する会社に、法人から様々な事業が発注されていたのだ。

その一つは、二〇一八年に変更された大学のロゴマークをめぐる支出だった。ロゴのデザインなど関連事業が妻の会社に発注されていた。二〇一六年一一月には、ロゴデザインを受注したことを妻自身がInstagramで明らかにしていた。

もう一つは、大学広報のウェブマガジンの制作だ。以前は広報誌の形態で法人が発行していたものを、妻の会社が受注していた。

もっと不可解なものもある。前述のキックオフセレモニーで、民間から転職してきた管理職を紹介する動画が会場に映し出された。この動画を受注していたのも、妻の会社だった。

これらの発注金額を法人は明らかにしていない。山梨学院ユニオンは、古屋氏の理事長と学長の報酬額開示と、妻の会社への発注の実態を明らかにするように二〇一九年九月の団体交渉で求めた。

これに対して法人は、妻の会社への発注は否定せず、親族企業への発注状況はリストがあると交渉の場で述べたものの、後日送られてきた回答は、ほぼ無回答に等しいものだった。

「個々の理事の基本給に関しては、個々の理事のプライバシーにかかる問題でもあり、一般的に公表する性質の情報ではないと考えております」

「役員等の家族・親族の運営する会社への支払いに関しては、先方会社の承諾なしに契約内容等を開示することはできないことから、その存在の有無も含め、貴組合に開示することができません。当法人においては、会計監査人の監査も受けた上、適切な財務処理を行っております」

古屋氏の妻が経営する会社への発注については、筆者が法人に質問したところ、次のような回答があった。

「親族への発注禁止の学内規程はなく、物品の調達・発注にあたっては、会計規程や調達規程といった学内規程に基づき執行しております。なお、個別の発注先・発注額については、公表いたしません」

個人経営の私立大学では、どこでもワンマン経営は起こりうるかもしれない。しかし、学校法人は税制優遇を受けているうえ、毎年私学助成金を受け入れている。つまり、税金が投入されているにもかかわらず、親族への発注は問題ないと法人は主張しているのだ。

†給与支払い遅延の裏で理事長らの自宅に謎の会社

山梨学院の混乱は、これで終わらなかった。二〇一九年一二月、ほとんどの教職員が法人から届いた文書を見て啞然とした。文書には次のように書かれていた。

・年末年始の給与支給については「年末調整等の都合上」、一二月分の給与計算は二〇日締めとなり、二〇日分を一二月三〇日に支給
・一月分の給与は一二月三一日から一月三一日を算定期間として、二月一〇日を支給日とする

つまり、一二月分の給与が規定通りに支払われず、一月にいたっては給与の支払自体がないというのだ。

この通知が行われたのは一二月一六日で、一枚の文書が届いただけだった。対象になっ

たのは非常勤教職員と一般職員の約二二〇人と見られる。対象者の怒りが噴出した。「理由は年末調整上の都合と書いていますが、どういうことなのかわかりません。文書には責任者の名前もなく、到底納得できるものではありません」「車や家のローンなど、一月の生活が極端に厳しくなります。私たちの生活を無視した行動に怒りを感じます。就業規則通りしっかり支払ってもらいたい」

同じ時期に、新たな疑惑が持ち上がった。二〇一九年七月から八月にかけて、古屋氏や法人幹部らの自宅などに、複数の新会社が設立されていたのだ。しかも、そのうちの一つの会社に法人から四億五〇〇〇万円が出資されていた。

この会社は二〇一九年一二月に設立された「C2C Global Education Group」。C2Cは古屋氏が掲げる経営理念を表すものだ。大学の総務課長が代表取締役を務める。所在地も総務課長の自宅住所だ。

会社の目的には、教育から不動産管理、広告・宣伝まで、法人が行ってきた事業や業務のほぼすべてが記載されている。法人としての事業を、この会社を通じて実施するのだろうか。

その他の会社も不可解なものが多い。古屋理事長兼学長の自宅を所在地にしている「C2C Holdings」は、二〇一九年七月に設立され、二〇二〇年四月に「DiDi Holdings」に名称を変更している。代表取締役は古屋氏と学校法人専務理事の成瀬善康氏で、コンサルティングや人材育成などを業務にしている。

山梨学院大学の住所には「C2C Global Education Japan Holdings」「C2C Global Sports Academy」「C2C GlobaL Language Academy」が設立されたほか、別の住所には「C2C Global Education」もある。それぞれ古屋氏や学校法人の幹部が代表を務める。

関係者が驚いたのはそれだけではなかった。二〇二一年四月には、なんと学校法人山梨学院の名称を「学校法人C2C Global Eduction Japan」に変えてしまったのだ。

†理事長の「暴走」は許されるのか

なぜ二〇一九年七月から一二月にかけて、「C2C」名を冠した会社が次々と設立されたのか。可能性として疑われるのが、二〇二〇年四月に施行された私立学校法の改正だ。

この法改正では、私学に対して「役員の職務及び責任の明確化等に関する規定の整備」や「情報公開の充実」、「中期的な計画の作成」などが定められた。学校法人の運営の透明化が求められると同時に、理事や理事の親族などに特別の利益を与えてはならないことや、利益相反取引を制限することも定めている。

「C2C」グループの企業が学校法人とどのような契約を結んでいるのかは不明だが、改正法の施行を前に、理事長兼学長をはじめ、上層部それぞれが利益を得られるような体制を「駆け込み」で作ろうとしたと受け止められても、仕方がないのではないだろうか。

法人から四億五〇〇〇万円を出資した問題については、文部科学省による調査も行われたと関係者は明かす。筆者の取材に対して文科省は「指導の有無や内容については明らかにできない」と答えただけだったが、何らかの指導をした可能性はある。

とはいえ、これだけの問題が噴出しているにもかかわらず、古屋理事長兼学長の「暴走」に歯止めはかかっていない。学校法人は「五〇〇〇億円の売上を目指す」と目標を掲げ、学費の値上げも行っている。

山梨学院ユニオンや教職員だけでなく、山梨学院創立時から長年にわたって支えてきた人物も警鐘を鳴らした。学事顧問を務めていた女性が二〇二〇年二月、理事、評議員、監事に向けて文書を出した。この女性は同年三月末での解雇を告げられていた。

此の度ペンを取りましたのは、本学園に対する昨今の絶えることなき内外の厳しい評価、とりわけ教職員の深い嘆きの声を耳にし、本学園の未来におさえがたき不安を感じたためであります。（中略）

一方的で乱暴な人事が、古屋光司理事長の一存で行われる不健全な学園運営を許し

たまま去るわけにはいかない、と決心しました。（中略）
今一度、本学の建学の理想に立ち返り、学生たちはもとより、教職員が大切にされ、みんなが使命感と誇りと喜びを持って、理想の教育の実現に果敢に挑んでいける、そうした私学として本学園を再建できる人物を、理事長・学長として、構成員の中から、公明正大で民主的な手法を用いて、選出して頂きたいと願っております。

しかし、この声はもみ消されている。その後も筆者の元には様々な問題が寄せられており、運営方針を軌道修正する考えはないようだ。

山梨学院大学の学長は二〇二二年四月、古屋光司氏に変わって青山貴子氏が就任した。青山氏は古屋氏の妹だ。理事長は引き続き古屋氏が務めている。

2　留学生の不適切入試の疑いで混乱する札幌国際大学

†不適切入試を学長が告発、理事長は反論

「運営法人側が助成金を得る狙いで不適切な入試を行った」

札幌国際大学の当時学長だった城後豊氏は、二〇二〇年三月三一日に札幌市内、北海道庁の記者クラブで記者会見を開いた。大学を運営する法人が、日本語能力が不十分な外国人留学生を多数入学させたと主張したのだ。

私立大学の現職学長が大学の法人を告発した、極めて珍しい会見だった。城後氏はこの日をもって学長を退任することが決まっていた。

関係者の話によると、問題が起きたのは次のような経緯だ。大学には二〇一九年度、三九一人が入学した。そのうち留学生は六五人で、前年の三人から大幅に増えていた。ところが、授業を始めてみると、日本語がほとんど理解できない学生がいるなど、日本語能力のレベルに大きなばらつきが見られた。

そこで大学が独自に日本語能力の試験を実施したところ、日本語能力試験で大学入学相当とされるN2のレベルに満たない学生が三割から四割を占めたという。

ちょうど同じ頃、二〇一九年三月に東京福祉大学では約一六〇〇人の留学生が所在不明になっていることが判明した。

文科省はこの問題に対して、学部研究生も含め、N2相当の日本語能力があるかどうかを確認するなど、留学生の在籍管理の徹底に関する新たな対応方針を示していた。

これらの事態を受けて理事会も、新たに留学生を大量に導入する方針を決定していた関係から、同様の問題を懸念して、学長である城後氏に留学生の現状を説明するよう求めた。城後氏は、その独自の試験結果などの資料を基に、現状を二回にわたって理事会に説明した。

すると、理事長の上野八郎氏ら法人側は、調査をしたことについて「聞いていない」と激怒する。さらに、提出された資料は城後氏が外部理事と結託して、法人の体制をひっくり返そうとしている「怪文書」だと断じた。

その後、理事長を中心とした大学法人側では、学内に知らせないまま一一月に次期学長選考委員会を設置して、城後氏の退任、事実上の解任と、次期学長を不透明な手続きによって一方的に決めていた。

城後氏は二〇二〇年一月に学内の全教職員に対し、留学生の受け入れをめぐる問題を説明し、さらに「大学内部で何が起きているのか、是非を含めて第三者に判断してもらう材料を提示するため」と、退任する三月三一日に会見を開いた。これが前述の告発会見だ。

会見で城後氏は「定員充足によって定員割れを防がないと助成金が出てこない仕組みになっている」として、法人が不適切な入試を行ってまで留学生を大量に入学させようとしたのは、助成金を得ることが目的だったと指摘した。また、「全員受かるようにしろ」と指示されたことも明かした。

これに対して法人側は、理事長の上野氏らが城後氏と同じ日に会見を開く。二〇一九年四月時点でN2相当に満たない学生がいたことは認めたものの、「補習などで授業についてこられるようになった」と主張した。

上野氏は「うちの大学が国際化する上では外国人留学生が必要不可欠」として、厳正な入試で基準を満たした学生を留学させていると反論し、学長が告発した内容を否定している。

一方、このような学内での動きとは別に、三月には文科省が法人側と教学側の双方から事情聴取を行ったほか、出入国在留管理庁も別途、調査を進めていた。

†記者会見に同席していた教授を懲戒解雇

会見の日を最後に、城後氏は退任した。しかし、問題は解決したとは言えず、学内の教員の間には、留学生の受け入れ問題をめぐる懸念や大学側への不信感は依然くすぶっていた。

すると、ある教員に、突然火の粉がふりかかる。人文学部教授で、民俗学を専門としながらマンガなどのサブカルチャーや競馬論についての著書もあり、メディアに登場することも多い大月隆寛氏だ。

大月氏は二〇二〇年四月、来年度の学部や学科のパンフレットの制作に取りかかっていた。すると、新たに学長に就任した蔵満保幸氏から差し替えの命令がきた。大月氏が当時のことを振り返る。

「ゲラの校正の段階まで来ての突然の差し替え命令の理由を聞くと、学長は「言えない」としか言いませんでした。なぜ言えないのかと聞くと、「大月先生の個人情報にかかわるから」と答えました。この時点で、自分を追い出そうとしているのではないかと、うすうすは感じましたね」

五月に入ると、大月氏に対する懲罰委員会が立ち上がる。大月氏は「悪いことをした覚えがない」として出席を拒否。検討するという懲罰の内容も理由も具体的に示されないままなので回答を留保していたが、最終的に六月末に突きつけられたのが懲戒解雇だった。

大月氏が憤慨したのは、その理由だ。

「懲戒解雇は本来ならお金を使い込んだとか、刑法に触れるようなよほどの事態がなければ出ない処分のはずです。しかし、私の処分の理由の一つは、城後前学長が三月三一日に実施した記者会見に同行していたというものでした」

その他の理由には、留学生の問題についての資料を、城後氏が教授会の決議などに基づくことなく「教授会一同」の名前で外部理事に渡すことに同調したことや、Twitter で複数回にわたって大学の内部情報を漏洩したことなどが挙げられていた。

「簡単に言えば、城後前学長と一緒に行動していたから懲戒解雇だということです。当然ながら納得がいきませんでした」

大月氏は処分が出たあとすぐに、札幌地裁に地位保全の仮処分を申し立てる。この申し立ては最高裁で却下されたため、続けて二〇二〇年八月に法人を相手取り、損害賠償を求める訴訟を札幌地裁に起こした。

†玉虫色の結論と文科省OBの存在

留学生の不適切入試自体は、調査をしていた関係機関によってどのように処理されたのか。

出入国在留管理庁は二〇二〇年九月に調査報告書を提出した。その内容は、法令違反はないと結論づける一方で、三点の指導を行ったというものだった。

法人側は、外部の人間による委員会を立ち上げていた。出入国在留管理庁が調査報告書を提出した翌月の一〇月に、委員会は結論を報告した。

「大学が二〇一九年四月に入学を許可した外国人留学生の受け入れ（入学試験及び合否判定を含む）は、城後前学長の下で、大学教員の自主的判断に基づいて行われ、入学後の外国人留学生の在籍管理も適性に行われており、法令に適合し、不正その他のコンプライアンス違反は存在しない」

つまり、留学生の受け入れは学長以下、教学側の判断でなされたことで、法人側に責任はないし、問題もなかったという報告だ。

出入国在留管理庁からは指導があったものの、事情聴取まで行った文科省からは何のアクションもない。法人が第三者委員会を立ち上げた背景には、文科省とやりとりがあったことも推察される。それにしても、文科省の態度は城後氏や大月氏、教員からは「玉虫色」と見られてもしようがないのではないだろうか。

実は、城後氏が退任した翌日の四月一日には、新たな理事に文科省OBの嶋貫和男氏が就任している。第五章で改めて触れるが、嶋貫氏は二〇一七年に発覚した文科省の組織的な天下りのあっせんで、中心的な役割を果たしていた人物だ。

留学生問題が表面化した数年前から、法人が非公開で立ち上げていた経営戦略委員会に対して、嶋貫氏がコンサルティングを行っていた。大月氏は、留学生の不適切な受け入れについても嶋貫氏が関与していた可能性が高いと指摘する。

「経営戦略委員会の議事録には、嶋貫氏が日本語能力N2は大学の解釈によって相当伸び縮みをするのでそれは裁量範囲です、と言ったことを示唆する記述があります」

留学生の不適切な受け入れ疑惑の背景に、嶋貫氏の存在があったことは否めないのではないだろうか。しかし、嶋貫氏の存在が、何の処分もしないという文科省の判断に影響を与えたとしたら、大いに問題があると言わざるを得ない。

大月氏が訴えた裁判は、二〇二二年一一月時点でも一審の札幌地裁で続いている。訴え自体は「正当な理由と手続きがないまま職を追われた」として、地位保全と賃金の支払いを求めるものだ。地裁の判決が出ても、裁判は高裁、最高裁と続く可能性が高い。

札幌国際大学の留学生の不適切な受け入れは一定の結論が出てはいるものの、大月氏が訴えた裁判の中で改めて問われている。

3 「教授会に自治掲げる権利ない」追手門学院のガバナンス

†理事長と学長・教授らの対立

大学の法人と学長や教授らが対立し、法廷闘争になった大学は他にもある。その一つが、大阪府茨木市にキャンパスがある追手門学院大学だ。学校法人追手門学院と大学の元学長らが、長年にわたって複数の裁判で争ってきた。

追手門学院の理事長は川原俊明氏。追手門学院の小・中学校、高校を卒業して早稲田大学に進学し、司法試験に合格して弁護士資格を取得している。二〇〇二年に法人の理事になり、二〇一一年に学院の卒業生として初めて理事長に就任した人物だ。

川原氏が率いる法人と争ってきたのは、大学の元学長の落合正行氏と、元教授の田中耕二郎氏の二人だった。

落合氏は心理学部の教授から二〇一〇年に学長に就任し、二〇一二年まで学長を務めた。田中氏は経営学部の教授を務めていた。

二人はともに二〇一五年一〇月に法人から懲戒解雇された。この解雇を不当として、同年一二月に地位確認を求める訴訟を大阪地方裁判所に起こす。懲戒解雇と裁判の争点については後述するが、裁判の結論から言うと、二〇二〇年三月五日、裁判所は「懲戒解雇は無効」とする判決を言い渡した。

この判決に対して追手門学院は控訴するが、控訴審の中で裁判所から和解勧告が出て、双方とも受け入れた。

和解の内容は、大きく三点ある。

一点目は、追手門学院が二人に対して懲戒解雇および普通解雇の意思表示を撤回すること。二点目は、落合氏が二〇一九年三月末に定年退職し、同日まで教授の地位を有していた、とすること。三点目は、田中氏が二〇二〇年三月末で定年退職し、同日まで教授の地位を有していた、とすることだった。

つまり、落合氏と田中氏の全面勝利に等しい和解だった。

この和解に至るまでの経緯は複雑で、しかも争ってきた期間も長い。その構図はトップダウン方式の大学運営を推し進める川原氏ら理事会と、教授会の自治を尊重する落合氏らとの対立と表現して差し支えないだろう。両者の対立の経緯を、簡単に振り返ってみたい。

†不当配転無効訴訟の判決が出る直前に懲戒解雇

落合氏は教職員による投票で選ばれて、二〇一〇年四月に学長に就任すると、民主的な大学運営を進めようとした。教授会の意見を踏まえた大学改革の提案や、人事案などを提案した。

しかし、理事会は落合氏からの提案を無視した。落合氏の学長就任から一年が経った二〇一一年四月、川原氏が理事長に就任する。

すると理事会は、二〇〇七年に発生した、在日インド人の男子大学生が自死した事件の責任を、当時副学長だった落合氏ら数名の教員に押しつけようとした。

この事件では、学生の遺族が、大学が不適切な対応をしたとして抗議する。さらに、二〇一〇年二月には大学側が遺族に三〇万円を渡して「債権債務がないことを確認した」とする合意への署名を要求したことなどから、遺族が大阪弁護士会に人権救済を申し立てていた。

学長に就任した落合氏は、むしろこの問題の真相を追及しようとする。学内の手続きに則り公益通報を行ったが、二〇一二年五月に学長辞任に追い込まれた。

さらに、法人から落合氏への嫌がらせとも言える行動が続く。

落合氏は学長辞任後、他に教員が在籍しない「教育研究所」や「心の教育研究所」への配転を繰り返された。

落合氏は「不当な配転」として配転の無効を求める訴訟を起こし、大阪地裁は二〇一五年一一月、配転無効の判決を言い渡した。

落合氏が勝訴したのだが、この判決が出る直前の同年一〇月には、落合氏と田中氏はまったく別の問題で懲戒解雇されてしまった。

解雇されたのは、大学のチアリーディング部の男性顧問が、複数の女子部員にセクハラをした問題をめぐってだった。

元コーチの女性は、顧問に対する法人の対応を不満として、二〇一一年に法人と顧問を訴えた。落合氏と田中氏は元コーチの提訴を教唆した、というのが懲戒解雇の理由だったが、その経緯はやや入り組んでいる。

学長だった落合氏は、そもそも学内の手続きに則ってセクハラの問題を取り扱っていたにすぎない。大学のハラスメント委員会は、元コーチからの申し立てを受理し、調査の結果、顧問のセクハラを認定した。

にもかかわらず、法人側の懲戒委員会は、顧問を厳重注意と謝罪文提出の軽い処分にして、自己都合で退職させて事実上不問にした。ただ、この顧問は、退職後すぐに別の学校法人の幹部に就任している。

元コーチは法人が顧問を軽い処分にしたことを不満として訴えを起こした。ところが、理由は明らかになっていないが、提訴から一年後に突然提訴を取り下げた。すると、法人側は、落合氏と田中氏が元コーチの提訴を教唆したというストーリーをつくり、「セクハラ訴訟の提起等を利用して、法人の名誉及び信用を毀損する行為を行った」との理由で懲戒解雇したのだ。

これに対して、落合氏と田中氏が起こしたのが、先に触れた地位確認を求める訴訟だった。

†高裁の和解勧告では異例の「前文」

地位確認を求めた訴訟は、一審の大阪地裁は審理に四年以上を費やし、二〇二〇年三月二五日に落合氏と田中氏の解雇は無効とする判決を言い渡した。

判決では、元コーチが顧問のセクハラに憤りを覚え、自らの意思で訴訟を起こしたことを認定している。その上で落合氏と田中氏が訴訟を利用して、法人の名誉や信用を毀損したとする懲戒処分の理由は認めることができないと判断した。

二人が理事会などの内容を部外者に伝えたことの一部は非違行為にあたるものの、懲戒解雇処分は懲戒権の濫用にあたる、と結論づけた。

しかし、法人側は川原氏の名前で、学院の主張や元コーチの陳述を一切斟酌せず、原告の主張を概ね認めたもので極めて不当と主張する文書を、学内の教職員向け電子掲示板に掲載した。即日控訴して、高裁で争われることになった。

この裁判は前述した通り、二〇二一年三月二四日に落合氏と田中氏の「勝利的和解」で終わった。

異例だったのは、和解勧告に付された前文だった。「解雇の制裁を加えることまでは相当でないとする原審の判断は、十分に批判に耐えうるもの」と懲戒解雇が違法であるとの判断に立った上で、次のように法人側をたしなめた。

一審被告には、教育者としての寛容さの視点にたっていただき、訴訟での勝ち負けにこだわって上告審まで訴訟を続けるという考えに終止符を打ち、本件の訴訟追行の結果を含めたこれまでの出来事をより良い大学運営を行うための経験知として蓄えることにするというのも悪い選択ではないと思われ、そういう選択をするのに丁度良い時期であるようにも思われます。

落合氏と田中氏が懲戒解雇されてから、高裁での和解にまで約五年半もの時間がかかった。裁判所の和解勧告で決着したものの、二人が本来教授として在籍できたはずの長い時間は奪われてしまった。

†根底にあるのは大学や教授会の自治の否定

教授会の意見を尊重して、大学の運営にあたろうとした落合氏や田中氏を、法人側がここまで執拗に追い込み続けた背景には何があるのだろうか。

私立大学のガバナンスに変化が起きたのは、二〇〇四年の私立学校法の改正だった。

この改正では理事会の設置が初めて法律に明記された。その二年前にメディアを賑わせた帝京大学医学部の不正入試事件や、定員の倍以上の中国人留学生を不法に受け入れて事実上廃校になった酒田短期大学の問題を受けて、理事会の責任や権限を明確にしたものだ。ところが、この法改正を、理事会の権限が強化され、理事会が大学の最高意思決定機関になったと解釈して、理事長や理事会の権限を強化する大学が現れ始める。教育や研究、人事や懲戒など、教授会の意見には耳を貸さず、すべてを理事会が決めるようになる。

その代表的な大学の一つが、追手門学院大学だった。

理事長の川原氏は二〇一一年に就任すると、「大学ガバナンス改革」を掲げた。二〇一三年には教授会を学長の諮問機関に格下げしている。

これは、教授会を学長の諮問機関に格下げすることを盛り込んだ、翌二〇一四年の学校教育法の改正を先取りした形だ。

同時に川原氏は、大学の自治を堂々と否定している。二〇一三年六月には、ある文書で次のように主張していた。

大学、教授会、大学教員が学校法人に「大学の自治」「教授会の自治」を掲げて理事会に対峙することなど、もともと権利として認められていないのです。

（理事長通信No.63）

確かに、川原氏のガバナンス改革と国による改革は、同じ方向を向いている。だからといって、憲法二三条が定める学問の自由や、大学における研究と教育の自由を保障する大学の自治まで否定していいものだろうか。

川原氏は、大学は利益を追求する企業と同じ統治体制をとるべきだと公言している。国が進める大学ガバナンス改革の先端を走っていることも自負している。

しかし、理事会による専制的な体制によって問題が起きて、懲戒解雇した元学長と元教授に訴えられ、和解とはいえ敗訴に等しい結果になった。また、第三章で詳述するが、多くの職員に退職強要した別の問題も起きている。

大学の自治は認められていないと言い切る追手門学院が、全国の私立大学のガバナンスに大きな影響を与えているのは間違いない。

4 音楽の名門「上野学園大学」募集停止の顚末

†突然発表された翌年度からの学生募集停止

学校法人上野学園は上野学園大学部門における令和三年度（二〇二一年度）以降の学生募集停止を令和二年七月一五日開催の理事会にて決定いたしました。

（中略）

上野学園大学は一九五八年に開学し、約六〇年にわたり多くの優秀な卒業生を輩出してきました。しかしながら、少子化や社会情勢の大きな変化の中、様々な改善策を試みましたが、大学部門の厳しい状況に変わりなく、募集停止に踏み切らざるを得なくなりました。

現在、大学に在学するすべての学生が必要な単位を履修し、卒業まで安心して学生生活を過ごせるよう、本学園は最大限の対応をして参ります。

これは東京都台東区にある上野学園が、大学の学生募集停止を発表した文章だ。理事会での決定から一週間後の二〇二〇年七月二二日、理事長の石橋香苗氏の名前でホームページに掲載された。

上野学園は一九〇四年に石橋藏五郎氏が創立した、と学園は主張している。しかし、「上野高等女学校」の創立二五周年記念誌によると、創立者は藤堂高亮、小林弘貞、坂上忠之助、花岡和雄の四氏と記されている。藏五郎氏は、一九一一年に上野学園に入職し、一九二五年に校長に就任した人物だ。

上野学園はその後、一九四九年に日本で初めて高校に音楽科を設置している。一九五二年に短期大学を開学して音楽科を置くと、一九五八年に音楽学部を持つ大学を開学した。音楽界で活躍する卒業生は多く、盲目のピアニストの辻井伸行氏もその一人だ。国内でも屈指の伝統を誇る音楽大学の学生募集停止は、関係者にとっては突然の決定だった。

募集停止が発表された二〇二〇年は、新型コロナウイルス感染症の拡大が本格化した時期ではあったが、上野学園大学では四月以降教授会は一度も開かれず、募集停止について教員がいる前での事前の議論はなかったという。

関係者によると、教職員に対して説明が行われたのは、ホームページで発表される前日の七月二一日だった。

学園側は四期連続で入学者数が減少したこと、学園の赤字で大学が占める割合が大きいことから大学を廃止すると説明した。その際、「風評被害」で学生が減少したと話していた。

しかし、その風評被害は「石橋家による経営が引き起こしたものだ」と、多くの関係者が語る。上野学園大学が廃止を決定するまでの経緯を見ていきたい。

†石橋家の経営をめぐる問題が噴出

学園側が「風評被害」と表現するのは、石橋家による学園の経営をめぐり、二〇一六年頃から様々な問題が報道されたことを指すのだろう。

その一つは、前理事長の石橋慶晴氏が、図書館に所蔵していたバッハの自筆譜を勝手に売却したことだった。同時に、慶晴氏への高額報酬なども問題になり、経営陣と教職員が対立した。

その結果、二〇一六年六月に慶晴氏は理事長を退任する事態になった。ただ、理事では残った。

一方で文科省は、学園に対して役員報酬額の妥当性などについて、第三者委員会による実態調査と検証を要請する。学園は同年一〇月に第三者委員会に調査を依頼した。

翌二〇一七年一月一七日、学園は第三者委員会から指摘を受けた内容と再発防止策を、ホームページで公開している。

公開されている文章によると、第三者委員会が問題視したのは、大きく三点あった。

一点目は、慶晴氏に対する高額な理事報酬と給与だった。委員会は、学園の経営は大幅な支出超過の状況が続き、教職員の給与水準も抑えられているなかで、内部規則を順守せず、「高額であり、適切性を欠く水準」だったと指摘した。

二点目は、学園長だった石橋裕氏への高額な報酬だった。慶晴氏と同様に内部規則を順守しない金額だったとしている。役員への高額報酬が指摘されたことで、国から経常費補助金の減額を受ける事態となった。

また裕氏は、二〇一〇年四月以降病気のために学園に出勤していなかった。それでも給与を支払い続けてきたことの合理性には疑義があるとした。

三点目は、慶晴氏をはじめとする石橋家の人々が役員を占めている会社と、学園との取引だった。この会社は校舎などの用務について学園から業務委託を受けていた。第三者委員会は、契約内容に不透明な部分があることと、石橋家に提供された利益から判断すると業務委託料は不相当であったなどと指摘している。

第三者委員会の報告書が出たあとも、学園内部から正常化を訴えた教員と理事会の対立は続いた。学園は、大学の運営改善を求めていた国際的ピアニストの横山幸雄氏や、音楽学部長を務めた村上曜子氏らを解雇した。

解雇された村上氏が二〇一七年五月に学園を訴えたことで、法廷闘争にも発展したものの、この裁判は和解で終わった。

このように、上野学園の経営問題は様々なメディアで報道された。

†前理事長は一旦職を辞するも要職に戻る

上野学園の報告書では、慶晴氏に責任の所在があることを認めた。慶晴氏は二〇一六年六月に理事長職を辞職したあと、無報酬の理事及び評議員と、短大の学長を務めていたが、理事と評議員は交代し、短大学長は二〇一七年三月末をもって退任することで、「学園の職を一切辞する」ことを発表した。裕氏に対する退職金の不支給も決めた。

さらに学園は、「損失を具体的に検証し、不適切な報酬・給与・外部会社からの利益を受けていた当事者に対して、学園の損失回復のための返還請求等の方策を理事会において検討、実行する」と表明した。

ただ、新たな理事長についた香苗氏は、慶晴氏の妻だ。関係者は、第三者委員会の報告によって学園運営の正常化の道が開かれるのかどうか、不安を抱いていた。そして、その不安は現実のものとなる。

責任をとって学園の職を辞したはずの慶晴氏は、二〇一八年八月には学園のシニアアドバイザーに就任し、翌二〇一九年四月には経営企画室長の要職に戻っている。

しかも、理事長の香苗氏は同年六月、第三者委員会の指摘に対して、「損失はなく、旧経営陣の責任を問わない」と結論を出した。誰も責任をとらないまま、石橋家による経営体制が続いているのだ。その後、二〇二二年六月付の役員名簿を確認すると、慶晴氏は理事に復帰していた。

上野学園に対しては、文科省も補助金の減額をはじめ、何度か指導を行ってきた。二〇一九年一一月には、高等教育局私学部参事官の名前で「『理事への報酬等及び関係会社との取引』に関する問題の対応について」と題する通知を出している。香苗氏が加入要件を満たしていないのに、私立学校教職員共済制度に加入させたこと、また香苗氏が負担すべき保険料を学園が負担していたことについて、再発防止と関係機関への報告を求めた。

さらに、学園が「理事報酬を支払っている理事はいない」と教職員に説明していたが、実際は業務委託契約で理事に報酬が支払われていると文科省は指摘した。教職員への説明を学園に求めたが、学園が「法的な義務は生じていないため説明する意向はない」と答えたことに対して「遺憾」として、再度説明を求めるなど、異例とも言える対応をしている。それは次のような強い姿勢の文章だった。

当省が、貴法人に対して教職員への説明を求めたのは、法的義務以前の問題として学校法人が為すべきことを求めたものであり、これまで再三にわたり貴法人に対して説明責任を果たすよう指導・助言してきたのは、学校法人として社会的責任を果たす必要があるためです。（中略）

今後、この度のような事態に陥らないよう、学校法人としての自覚と責任ある対応を行っていただくことを強く要請します。

文科省からこうした指導を受けながらも、結局教職員には様々な問題について説明がなかった。

そして、やはり事前に教職員には説明がないまま、突然大学の募集停止と廃止を明らかにしたのだ。

†理事会が守ろうとしているものは

募集停止が発表されてから、大学はどうなったのか。在学する学生に対しては、武蔵野音楽大学への転籍を勧め、希望した学生に対するオープンキャンパスが、募集停止発表の翌月には武蔵野音楽大学で開かれた。

募集停止に反対する学生、保護者、卒業生、教職員は署名活動を展開したほか、二〇二〇年一〇月には記者会見も開いた。出席した女子学生は、こう訴えた。

「上野学園大学にいる先生から学びたいと思って進学したのに、募集停止が発表され、来年からはオーケストラの授業もなくなるかもしれません。大学からは他の大学に転学すればいいと言われていますが、それは違うのではないでしょうか。納得できません」

学生によると、大学が転学を勧める個別面談は、学生一人に対し大学側からは三人が出席するなど、圧迫感があるものだったという。

「私としては上野学園大学で学びたいのに、大学側からは出ていくように急かされているように感じてしまいます。なぜ、何も悪いことをしていないのに、大切な先生も、授業も、大学も失わなければならないのでしょうか。募集停止の撤回はもちろん、オーケストラの授業をはじめとした、音楽大学としてあるべき環境の維持をお願いしたいと思います」

一方、教職員が集団で学園を訴える裁判も起きている。二〇一九年一一月、教職員ら二四人が学園に対し、未払い残業代や損害賠償など約二億円の支払いを求める訴訟を東京地裁に起こした。

教員らの訴えに対し学園側は準備書面などで、「本件訴訟は、残業代請求という形をとっているが、原告らの真の目的は、被告学園を資金難に陥らせること、および被告学園及び理事らに不当な圧力をかけ、理事らを辞任に追い込むことにより、もってその経営権を奪取することにある」と主張し、訴えの棄却を求めた。

まさに泥沼の様相だが、教職員らは「残業未払い」の件も、生徒募集停止の件も、根底では繫がっていると考えている。

その後も混乱は続いた。学園が二〇二一年一一月、上野学園ホールをブシロードの子会社、ブシロードミュージックに売却したことも、関係者の反発を呼んだ。上野学園ホールは音響設計家の永田穂氏による作品で、パイプオルガンも備えた日本を代表する音楽ホールの一つだった。

上野学園は、売却の理由は「運営費用等の低減、財務体質の強化等の経営効率化のため」であり、引き続き講堂として、教育関連の行事や演奏会などで使用するとホームページで説明した。

しかし、卒業生や関係者は「保護者や卒業生が負担した寄附金、設備を建設や運営に充てているのに、売却は認められない」と反発し、わずか一〇日間で七〇〇〇人から集まった署名を文部科学大臣宛てに提出する事態となった。

上野学園は二〇二二年一一月現在も香苗氏が理事長で、慶晴氏は理事に就いている。これだけの問題が噴出し、大学を突然の募集停止にしていながら、今も守られているのは石橋家だけだ。

大学進学希望者を入学定員総数が上回る「大学全入時代」がまもなく現実になると言われるなかで、厳しい経営を余儀なくされている私立大学も多い。しかし、上野学園の場合は経営危機というよりも、経営陣が不祥事から自らを守りつつ、学生や教員を切り捨てているようにも見える。学校法人としての責任を果たしたと言えるのだろうか。

同じように乱暴に大学を廃止するケースが、今後全国で出てくるのではないかと懸念せざるを得ない。

5 混迷する私立大学のガバナンス改革

†相次いだ日本大学の不祥事

理事長による専制が広く知られたのは、日本一のマンモス大学である日本大学だろう。

学校法人としての日本大学は、傘下の学校で学ぶ児童から学生までを含めると、その人数は約一一万七〇〇〇人に及び、教職員は約七〇〇〇人いる。この日本大学をめぐり、二〇一八年以降様々な問題が噴出した。

前理事長の田中英壽氏による強権的な大学支配がクローズアップされたのは、二〇一八年五月に起きたアメリカンフットボール部の反則タックル問題だった。

危険極まりないタックルによって、関西学院大学の選手に大怪我を負わせた。すると、タックルをした日本大学の選手が、当時監督だった内田正人氏やコーチの井上奨氏から指示があったと記者会見で証言した。しかし、内田氏は指示自体を否定。井上氏も「潰せ」と指示したことは認めたものの、怪我をさせる意図はなかったと述べた。

こうした対応が批判を浴びた結果、内田氏と井上氏は懲戒解雇された。ただ、内田氏は大学に対して解雇無効を求める訴訟を起こし、二〇一九年一二月に和解したことで懲戒解雇は撤回されている。井上氏も懲戒解雇の無効を求めて提訴し、やはり和解して、二〇二一年四月から大学職員に復職した。

一方で、当時法人の理事だった井ノ口忠男氏が、選手に口封じを図ったことも判明し、井ノ口氏は理事を辞任した。

ところが、法人トップの田中氏は会見にも姿を見せず、一度も公の場で説明をしなかった。トップとしての責任を明確にしないまま理事長職を続けたのだ。

その後も問題は次々と起きる。医学部では不正入試問題が明らかになった。第五章で触れる東京医科大学で文科省幹部の子どもを不正に合格させた贈収賄事件をきっかけに、他の大学でも医学部の不正入試が判明した。日本大学では過去三年間に追加合格者を決める際、医学部卒業生の子どもを優先的に合格させていた。

反則タックル事件と不正入試事件を受けて、日本大学は日本私立学校振興・共済事業団から二〇一八年度の私立学校等経常費補助金を三五％減額された。それでも理事長である田中氏の責任は全く問われることがなかったのだ。学内での田中氏の権力がいかに強固であるのかを外部に見せつけた。

同じ時期の二〇一八年三月には、田中氏の肝煎りで二〇一六年に設立された危機管理学部とスポーツ科学部の英語の非常勤講師が大量解雇され、法廷闘争に発展する事態も起きた。二つの学部を統括する三軒茶屋キャンパスの事務局長兼事務取扱をなぜか法人理事長である田中氏が務め、人事の責任者は内田氏だった。しかし、二人は大量解雇を行いながら、一切の説明を放棄していた。

†独裁と私物化を進めた前理事長の逮捕

田中氏は日本大学経済学部在学中から、アマチュア相撲で活躍した人物だ。一九六九年に卒業後は大学職員として就職し、相撲部の監督を務める。一九九九年に理事、二〇〇二年に常務理事へと昇進した。二〇〇五年に豊富な資金を握る校友会会長になったことで、さらに影響力を強めたと言われ、二〇〇八年に理事長に就任した。

当時の幹部らは、田中氏は「理事長二期目から明らかに変貌した」と振り返る。自らの意向を反映しやすい役員選任の制度を作って盤石の体制を築き、意に反する者には報復人事を行うようになる。一方で取り巻きとともに大学の私物化を進めた。

その象徴が、日本大学の一〇〇％出資で二〇一〇年に設立した日本大学事業部だ。この会社が大学の調達を仕切るようになる。この会社を仕切っていたのが、前出の内田氏や井ノ口氏だった。職員には大学の物品の購入については事業部を通すことを命じ、納入業者を自分たちの息がかかった業者に変えていった。

売上は二〇一一年一二月期に約三億円だったのが、二〇一八年に一〇〇億円を突破した。さらに、二〇二〇年には約一六八億円、翌二〇二一年には約二九一億円と、短期間のうちに急拡大している。その一方で、役員報酬や決算書類などは明らかにされず、不透明な組織だと指摘する声が学内外から上がっていた。

この事業部で行われていた不正が、結果的に田中氏の大学支配に終止符を打つ。反則タックル問題を受けて、二〇一八年七月に法人の理事を辞任し、事業部の役職も辞任していた井ノ口氏は、翌二〇一九年一二月に事業部に取締役として復帰し、二〇二〇年九月に法人の理事にも返り咲く。しかし、二〇二一年一〇月、日本大学医学部附属板橋病院の建て替え工事をめぐる背任容疑で東京地検特捜部から逮捕される。

井ノ口氏は事業部の取締役復帰直後の二〇二〇年二月、大阪市の医療法人「錦秀会」前理事長の籔本雅巳氏と共謀して、工事の設計業者を選ぶプロポーザル業務で、都内の設計事務所が一位になるように評価点を水増しして選定し、同年七月に日本大学から着手金七億三〇〇〇万円を設計業者の口座に送金させた。この口座から二億二〇〇〇万円が籔本容疑者が出資するコンサルタント会社にわたり、日本大学に損害を与えた容疑だった。さらにコンサルタント会社から数千万円が井ノ口氏の関係する会社に送金されていた。

さらに井ノ口氏と籔本氏は、板橋病院に医療機器と電子カルテに関連する機器を納入する契約でも、日本大学に約二億円高い契約を結ばせて損害を与えたとして、背任容疑で再逮捕され、二件の事件とも起訴された。

この事件に絡んで、田中氏の自宅などにも家宅捜索が入った。捜査の結果、田中氏は井ノロ氏や業者から受け取ったリベートなど約一億一八〇〇万円の所得を隠し、約五三〇〇万円を免れたとして、二〇二一年一一月に所得税法違反で逮捕された。この逮捕を受けて、田中氏は理事長を辞任。二〇二二年三月に懲役一年、執行猶予三年、罰金一三〇〇万円の有罪判決が言い渡され、刑が確定した。

一連の事件によって、日本大学に対する二〇二一年度の私立学校等経常費補助金は、全額不交付が決まった。前年度には全国の私立大学で二番目に多い九〇億円が交付されていた。全額不交付は二〇二二年度も継続されている。

†迷走する国の「ガバナンス改革」の方針

日本大学の事件については多くの報道がなされた。大学が設置した第三者委員会が調査を実施し、田中氏による大学支配について報告書を作成した。報告書では、二〇一〇年に設立した日本大学事業部が大学の調達を仕切ることで、取り巻きである井ノ口氏らとともに日大を「食い物」にする行為を繰り返してきた、と指摘している。

しかし、田中氏が大学内で権力を築いてきた背景にも、この章で触れてきた二〇〇四年の私立学校法改正と、二〇一四年の学校教育法の改正がある。国の方針をいち早く大学支配に利用することによって、日本一のマンモス大学で強大な権力を築いてきたのだ。

日本大学事業部が異常とも言える急成長を遂げていても、文科省が指導などをした形跡は見られない。私物化を放置してきたのは文科省ではないだろうか。

この章で触れたケースを取材している際、「私立大学は高額な授業料を学生から集め、多額の助成金を得ているにもかかわらず、暴走する経営陣を止める方策は何もないのですか」と、筆者は文科省に質問した。それに対して担当者が「私立学校法や学校教育法は性善説の立場に立っている」として、事実上方策はないと答えたのには驚いた。

ただ、実際には文科省は上野学園大学のように積極的に指導する場合もあれば、見て見ぬふりをするかのような態度を取ることもある。いずれにしても国が進めたガバナンス改革の弊害と言えるものだが、当時は改善に取り組もうとする姿勢は見られなかった。

ところが文科省は、田中氏らが逮捕されると、日本大学に対して急に厳しい態度を取るようになった。大学の調査委員会の中間報告に対して、「背景や全体像が明らかにされておらず、具体的な再発防止策も何ら示されていない」と強い不満を示して、当時の加藤直人理事長兼学長に直接指導文書を通知した。

さらに日本大学の事件を受け、私立大学のガバナンス改革に慌てて取り組もうとした。

文科省の有識者会議「学校法人ガバナンス改革会議」は、学校法人は理事会ではなく評議員会を最高監督・議決機関とすることなどを盛り込んだ具体策を二〇二一年一二月に提言した。しかし、理事会の上に新たな議決機関を作ったところで、日本大学の事件の再発防止になるのかは疑問だ。この提言には大学の経営層と教員の双方から強い反対の声があがり、具体化はしていない。

学校法人のガバナンスを考える組織は他にもあり、別の有識者会議からもすでに二〇二一年三月に異なる提言がなされていながら、実行されず宙ぶらりんになっている。また二〇二二年三月にも、新たな会議体が理事の解任権限を評議員会に限定的に与えることなどを盛り込んだ報告書を作成しているが、文科省が方向性を打ち出せるのかは不透明だ。

全国で起きている私立大学の理事会による独裁や私物化は、国が進めてきた政策を背景にして発生している。であれば、まず取り組むべきことは、これまでの政策が適切だったのかを検証することではないだろうか。学校法人としての社会的責任を果たすことを放棄しているトップは、本来であれば内部から変えることができるのが、健全な組織のあり方だろう。

ガバナンスの欠如は教員や学生に不条理とも言える被害をもたらすことがある。第三章では時に社会問題にまで発展する、大学で起きたハラスメントを追う。

第 三 章

ハラスメントが止まらない

1　「まるで拷問」追手門学院の退職強要研修

†追手門学院などを元職員ら三人が提訴

「四年前の今日は、退職強要研修の最中でした。私は「四十数年のあなたの人生の天国と地獄を切り開いてきた深みや重さを全く感じない」「あなたのような腐ったミカンを追手門の中に置いておくわけにはいかない」「絶対にあなたは要らない」と一方的に人格を否定され、パニックになりました。長時間にわたって、参加者全員に人格否定の言葉が浴びせられるのを聞くのも辛かった。はっきり言って、あれは拷問です」

悔しさを滲ませながら語るのは、追手門学院に勤務していた四〇代の元職員だ。二〇一六年八月に受講した追手門学院とコンサルタント会社ブレインアカデミーによる研修が原因で体調を崩して休職していたが、休職期間が満了したとして二〇二〇年八月に解雇された。

「あの研修と執行部との面談がきっかけでうつ病になりました。いまでも当時のことを思い出すと体が動かなくなります。何とか職場に戻ろうと思っていましたが、バッサリと切られてしまい、悔しいし、悲しいです」

元職員は解雇された直後の八月二四日、同じ研修を受講して休職中の職員二人とともに、追手門学院と理事長の川原俊明氏、それにブレインアカデミーと講師の西條浩氏を相手取り、大阪地方裁判所に提訴した。違法な退職強要を受けたなどとして、慰謝料などの損害賠償を求めていて、二〇二二年一一月現在も大阪地裁での審理が続いている。損害賠償請求額は提訴時の約二二〇〇万円から、約三六〇〇万円に増額された。

この裁判は全国の学校法人関係者の間で注目を集めている。それは、追手門学院による「研修」があまりにも異常だったからだ。

受講したのは提訴した三人だけではない。合計で一八人が受講し、それぞれ大学や中学、高校などに勤務していた。「研修」とは名ばかりで、全員に対してパワーハラスメントとも言える人格否定の発言が浴びせられるなど、事実上の退職強要だった。

†光を遮断した部屋で怒鳴る講師

発端は二〇一六年六月だった。追手門学院の総務室長からすべての専任事務職員に対し、学院幹部による面談と指名研修を行うと通知があった。

通知には「新キャンパスでの展開を考えると諸経費の増額が見込まれますが、学校経営を取り巻く厳しい社会状況において、(中略)「求められる職員像」に達していない方には、今後の職のあり方もご検討いただかなければなりません」と書かれていた。

その後、一九人に対して指名研修を受講するようメールで通知があった。

翌月、指名研修を受ける一九人に対し、先行して執行部による面談が実施された。一九人は「二〇一七年三月末までにやめていただきたい」と退職勧奨を受ける。追手門学院大学の関係者は、退職勧奨が行われた背景を次のように解説する。

「二〇一九年春に大学の新キャンパスをオープンすることもあり、大学側は人件費を削減し、財政の安定化を進めたかったのでしょう。一九人のなかには管理職経験者や、昇進したばかりの人も含まれていました。一九人の選定理由について、研修までに説明はありませんでした」

執行部による面談の後、一人は休職し、残る一八人が「研修」を受けさせられる。八月二二日から五日間の日程で、ブレインアカデミーの講師である西條浩氏による「自律的キャリア形成研修」が行われた。研修には、ブレインアカデミー代表取締役の今井茂氏や、追手門学院の常務理事や総務室長といった学院幹部、人事課長が適宜立ち合い、人事課の職員二人が常に同席していた。

一八人は大阪市内のビルの一室に集められる。カーテンによって薄暗くされた状態に置かれるなど、異様な雰囲気に参加者は不安になった。すると、開始早々、西條氏から厳しい言葉が発せられた。

「事前に執行部との打ち合わせのなかで再三再四確認しておりますけれども、原則として今回の一八名全員が今年度末、来年の三月末の段階で残念ながら学院を退いていただきたい。例外なく、です。一八人全員がね」

西條氏は「この研修はお勉強会的な教育研修ではない」と述べて、自らの指示を厳守することや、録音を禁止することなどを命じた。

そこから参加者への人格否定が始まる。一人ひとりを全員の前に立たせて、「私の自己改革テーマ」を発表させ、西條氏がフィードバックする形式で進められた。そのフィードバックは苛烈なものだった。「まるで公開処刑だった」と受講した一人は証言する。

元職員は当日体調が悪く、マスクをしていた。すると、「なぜマスクをしているのかわからない」と二〇分近く立たされ叱責される。

さらに、全員の前で「あなたは腐ったミカンなんだよ。あなたのような人がいると組織全体が腐るんだ」と罵倒された。

この調子で、初対面の全員に西條氏から厳しい言葉が投げかけられる。

「もう要らんと言われたんだよ、あなた」

「自分の職業人生の将来そのものに関して駄目出しをされたんですよ」

「その役割、存在感、影響力を全くと言っていいほど発揮していない」

「あなたはもう花が開かない」

「わが組織の中で、残念だけれども、もう要らないんだよ」

「あなたにはもうチャンスはやらない」

「あなたという存在は三月末で、失礼ながら、もう要らないんですと言われているわけですよ」

「賞味期限切れちゃったかな、〇〇さんは」

「負のオーラを発している」

西條氏の怒鳴り声が響き、水を飲むことも、トイレに行くことも憚られる雰囲気だった。参加者の多くは頭痛や吐き気を起こすなど体調に異常をきたした。

中には泣き出す職員もいた。しかし、同席していた追手門学院の人事課職員は止めるわけでもなく、ただ監視していただけだった。元職員はこう振り返る。

「人事課職員が五日間同席していたのに、一回も止めに入ろうとしなかったことに驚きました。自分以外の人に浴びせられるパワハラの言葉のシャワーを目の当たりにせざるを得ない状況に、とてもじゃないけれども耐えられませんでした。それでも五日間ひたすら我慢するしかなかった。誰も命を落とさなかったのが不思議なくらいです。なぜ研修をした講師は罪に問われないのでしょうか」

†一人退職で一〇〇万円の成功報酬

退職強要「研修」をきっかけに、参加した多くの職員が体調を崩した。一八人のうち九人は心療内科などにかかり、うつ病や不安神経症と診断されたり、薬の服用が必要になったりした。二〇一七年三月末までに一〇人が退職し、提訴した三人のように休職に追い込まれた人もいた。

研修後にも執行部による面談が繰り返され、理事長室に呼ばれて「退職勧告書」を理事長から直接手渡されるなど、追い詰められていく。「退職勧告書」に書かれていたのは、人格否定とも言える言葉の羅列だった。

視野が狭く、論拠にデータの裏付けもなく、思考が浅く幼いと見え、向上心が見受けられないというのが不可の要素であるが、その不可の原因を自ら追求する姿勢も見られず、向上しようとする積極的な姿勢も見受けられない。物事の本質を理解する能力が欠落しており、自ら業務に関する研究をして業務に活かそうとの姿勢も見受けられないので、未だに全てに関して考えが稚拙であり(後略)。

一連の経緯から、川原氏ら追手門学院執行部とブレインアカデミーが連携して、パワハラと言える退職強要をした事実が浮かび上がる。

さらに、「研修」によって職員を学院の意向に沿うように、退職もしくは職種変更させた場合、一人あたり一〇〇〇万円の成功報酬がブレインアカデミーに支払われる契約になっていることが、契約関係の書類などから明らかになった。

二〇一六年八月の稟議書によると、「受講者に自律的キャリア形成への変化が認められた場合」、一人につき税込みで一〇八万円を支払うことが記載されていた。言葉は選んでいるが、退職させることを指していると考えられる。

また、「受講者が個別キャリア形成コンサルティングサービスに申し込みをされた場合」は、一人につき税込みで五四万円を支払うと書かれている。これは、退職させて、ブレインアカデミーが紹介して再就職させた場合を指すのだろうか。この「研修」に、追手門学院は最大三〇〇〇万円強を予算外で用意したといった情報もあった。

同年一〇月時点でのブレインアカデミーから追手門学院への請求書を見ると、実際にやりとりされた金額の一部を知ることができる。

この時点では研修後に七人が退職を申し出ていた。請求書には「自律的キャリア形成支援プログラム費用七名分」七〇〇万円、「個別キャリア形成コンサルティングサービス費用一名分」五〇万円が計上され、最終的に講師の交通費や会場費なども含めて、割引などがされた上で約七〇〇万円を請求している。追手門学院からは少なくともこの七〇〇万円が支払われた可能性はある。

言うまでもないが、私立大学は高額な学費や国の補助金などを得て運営している。元職員は提訴後、改めて疑問を口にした。

「教育ではなく、人権を侵害するような研修にお金が支払われることはいいのでしょうか。正常な形に戻ってほしい」

†学内や他大学でも経営トップ主導で「パワハラ研修」

退職強要「研修」を行ったブレインアカデミーとは、どのような会社なのか。

代表取締役の今井茂氏は、米国サンダーバード国際経営大学院卒で、学校法人専門の人事コンサルタントとされている。

今井氏はさらに、東京都千代田区内にあるブレインアカデミーが入居するビルに一般社団法人私学労務研究会を設立し、私立学校の経営層向けに「私学の労基署対策」などといったセミナーを開催している。年会費は一二万円で、会員は全国一〇〇の学校法人に及ぶ。二〇二二年一一月現在、私学労務研究会は千代田区内の別の場所に移転し、別の人物が代表理事に就いている。

実は、追手門学院でのブレインアカデミーによる「研修」は、二〇一六年八月が初めてではなかった。

同年三月には、中学と高校の校長ら管理職一〇人を対象に、「当事者意識確立研修」が開かれていた。講師はやはり西條氏で、「あなたの目を見るとやる気を感じられない」などとネガティブな発言を繰り返し、ある教員に対しては「じっとしていなさい！」と平手で太ももを叩いたという。これにも学院幹部が同席していた。

翌年の二〇一七年夏には、大学の教員に対しても西條氏による「研修」が行われている。さらに、ブレインアカデミーによる退職強要「研修」は、他の学校法人でも実施されていた。二〇一五年一一月、山口県下関市の梅光学院で中学と高校の教員を対象に「研修会」が開かれ、講師を務めたのはやはり西條氏だった。

罵倒や個人攻撃、人格否定を繰り返す手法は同じで、その後も個別カウンセリングなどが行われ、教員一一人が辞表を提出した。

梅光学院では他にも辞めた教員や、雇い止めされた大学の教員もいて、大量解雇が問題になり、生徒や学生への影響も懸念された。梅光学院には以前追手門学院に在籍した幹部職員がいたことも無関係ではないだろう。

二〇一八年には追手門学院理事長の川原氏と、梅光学院学院長の樋口紀子氏によるセミナーを私学労務研究会が開催している。ブレインアカデミーと私学労務研究会が一体となってビジネスを展開しているかのようだ。

退職強要を受けて追い詰められれば、泣き寝入りせざるを得ないケースのほうが多い。元職員はうつ病に苦しみ、被害から四年が経ってようやく自分の身に起きたことを受け止めることができたと話す。

「同僚にも家族にも相談できないなかで、立ち上がるのに長い時間がかかりました。しかし、あの退職強要は、社会的に批判されないといけないと考えて立ち上がりました。学院には安全配慮義務があったはずです」

原告の職員の一人は、自分たち以外にもブレインアカデミーによる被害者がいることに憤りを感じている。

「ブレインアカデミーがやっていることが法的に許されるのであれば、他の教育機関にも広がっていくのではないでしょうか。他の学校や大学で発生しないように、裁判をきっかけに食い止めたい。それが、私たちが提訴に至った思いです」

裁判が続くなか、二〇二二年三月には行政による判断が出た。提訴している三人は、退職強要により精神疾患を発病したことについて労災の認定を請求していた。茨木労働基準監督署は、原告の一人である元職員の男性がうつ病になったのは、理事長や常務理事ら学院上部による面談や研修の場において、執拗な退職勧奨が行われたことが原因だとして、男性の労災を認定した。

理由として、西條氏が研修で参加者に発した言葉を「退職勧奨とも人格否定とも言える発言」だと認めた。その上で、研修初日の冒頭に総務室長が「講師に全委任をしている」と発言したことや、研修に人事課の職員が同席していたことから、西條氏の発言は委託した学院の意向に沿ったものだと判断している。

また、原告の残る二人については、二〇二一年三月に労災不支給決定が出ていたが、大阪労働者災害補償保険審査官はこの決定を二〇二二年一二月に取り消した。つまり、原告三人全員の労災が認められたのだ。行政の判断が裁判にどのような影響を及ぼすのかが今後の焦点になっている。

2 パワハラに甘い山形大学の混乱

†パワハラ教授の処分は「減給一万円」

「誰が選んだ　このコピー　ボケが!!　遅くて使えん」

「マジックくらい買っとけ!!《役立たず》」

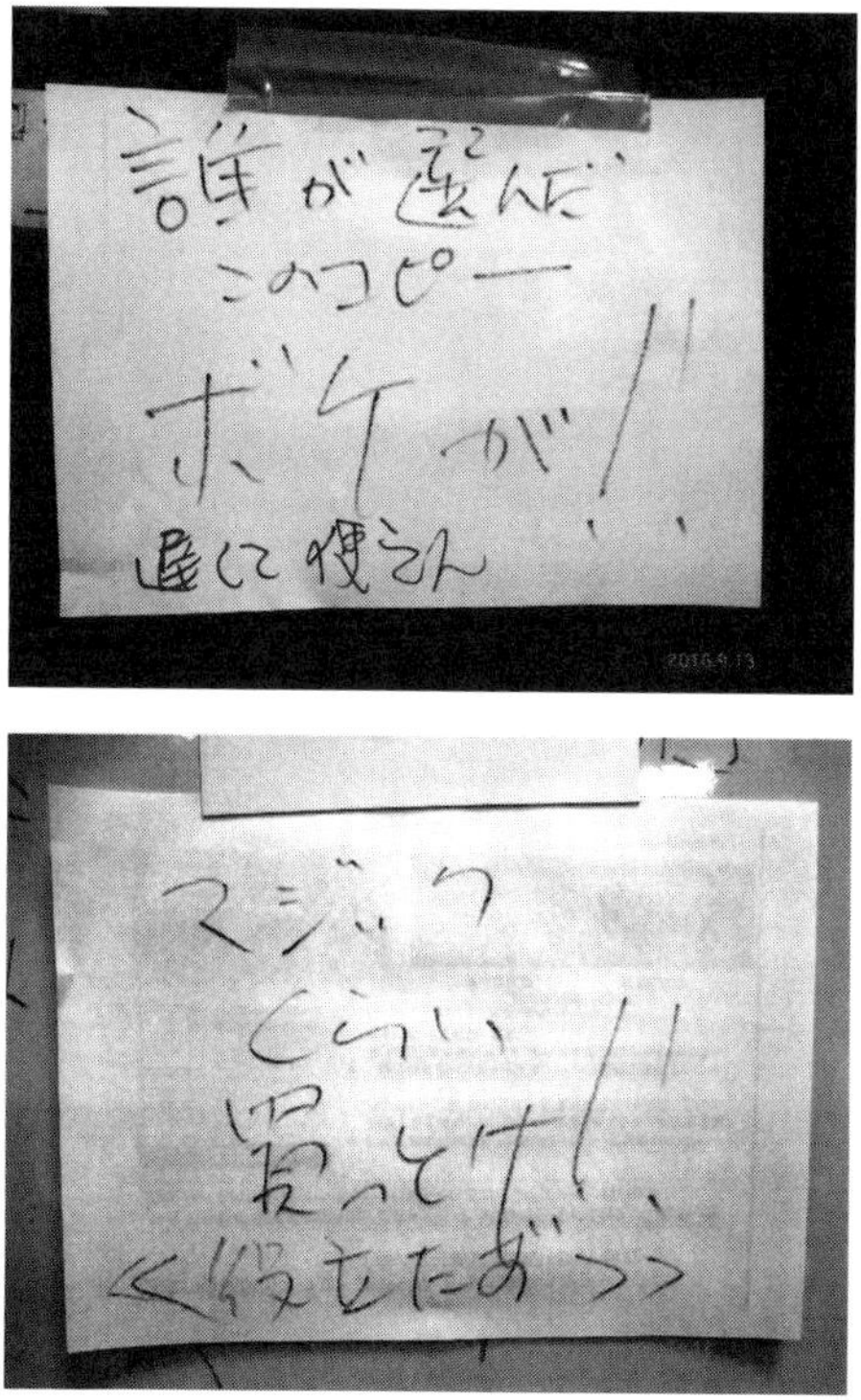

パワハラの証拠写真

大学の研究室に乱暴な言葉が書き殴られた貼り紙があったことが、二〇一七年一一月に各メディアで報じられた。山形大学の教授によるパワハラの証拠だった。

山形大学が山形県飯豊町に設置した最先端の研究施設「山形大学xEV飯豊研究センター」では、二〇一七年三月から五月にかけて、三人の職員がセンター長の教授からパワハラを受けたとして退職した。

そのうちの一人の職員は、前年に被害を大学に相談したことで、四年間勤務していたにもかかわらず不自然に雇い止めされていた。

雇い止めされた職員から相談を受けた山形大学教職員組合は、事案の重大性を考慮して、水面下で大学の工学部長と交渉してきたが、大学側は認めようとしなかった。このため、山形大学教職員組合がパワハラについて記者会見し、証拠の貼り紙を公開したのだ。

反響が大きかったためか、山形大学ではパワハラの実態について調査する特別対策委員会が立ち上がった。その後、第三者も加えて設立された調査委員会が、翌二〇一八年六月にセンター長によるパワハラを認定した。認定した内容の一部を引用する。

当該教員の行為は、責任者たる地位を背景として、その業務の適正な範囲を超えて、職員に精神的な苦痛を与え又は職場環境を悪化させるものとして、パワー・ハラスメントに当たるものと認定した。
・取引先の前で、職員Aを「ジジイ」、職員Bを「偏差値四〇」と、他の職員を「おばさん」「馬鹿」「小学生以下」と呼び、職員の名誉を毀損又は職員を侮辱した行為
・職員Aを、平成二九年二月頃に至る前から殊更無視した行為
（中略）
・職員Aに、「誰が選んだこのコピー　ボケが!!　遅くて使えん」と、事務担当に「マジックくらい買っとけ!!《役立たず》」と、威圧的で感情に走りすぎた貼り紙をした行為

（山形大学学長定例記者会見資料、二〇一八年六月二一日）

調査委員会がパワハラと認めた内容以外にも、多くの職員がパワハラ被害を受けたと見られている。
センター長が女性職員にハサミを投げつけたという情報もあれば、退職する職員に対して、退職による損失を補填するよう脅し、高額な寄附金を納めるよう強要した事案も組合では把握していた。パワハラを受けたことが主な理由で退職した教職員は、一〇人前後に

のぼる可能性があった。

パワハラの舞台となったセンターは、二〇一六年に開設されたリチウムイオン電池の研究開発拠点で、大手メーカーの工場撤退を受けて飯豊町が跡地利用を公募し、山形大学が提案した。開設の総事業費一五億円のうち、七億円を町が負担した。

開設と同時に就任したのが問題のセンター長だった。このセンター長はもともと民間企業に勤務し、機能性電解液の研究の第一人者と言われ、二〇一一年から山形大学工学部の教授に就任していた。

センターでの共同研究では企業からも資金が入っていて、センター長は大学から重宝されていたのかもしれない。ただ、センターの教授は一人だけで、大学のキャンパスと離れていたため、他の教員の目が届かない状況にあった。

問題発覚後、学内からは「人材をパワハラで潰すのなら、センターは大学の一機関ではなく、株式会社にでもすべきだろう」との声も聞こえた。

しかし、その後の大学の対応は不可解なものだった。調査結果が出た一カ月後の二〇一八年七月、センター長の懲戒処分が発表された。処分は「約一万円の減給」というもので、あまりの軽さに学内からは批判が噴出した。

当時の小山清人学長は八月の定例会見で処分の根拠を問われたのに対し、「うまく説明するのは難しい」と明言を避けた。

山形大学の懲戒処分の基準にはパワハラについての規定がなく、セクハラの規定を準用することになっていた。「職場における上司・部下等の関係に基づく影響力を用いた行為は、懲戒解雇、諭旨解雇または停職」とする規定から考えれば、停職以上の処分が妥当だった。

ところが大学の処分理由は、「大学教員として著しく品格と適性を欠いたハラスメント行為」と、パワハラを単なるハラスメント行為にすり替えていた。

組合は「パワハラも雇い止めもなかったことにしようという、卑劣で、姑息でいかがわしい態度」と痛烈に批判し、雇い止めされた職員に謝罪と補償を行うことなどを求めた。それでも山形大学はこの問題を、約一万円の減給処分だけで終わらせたのだ。

この問題は大きな影を落とした。その後、山形大学は二〇二一年三月末でセンターの管理運営から撤退している。

「山形大学にはパワハラを防止することや、対応を見直すような自浄能力はない」と、学内の多くの教職員が思ったことだろう。

そして、「約一万円の減給」処分から二年後、山形大学ではさらに衝撃的な事件が発生する。

†キャンパス内で起きた火災とスタッフの死

山形県米沢市にある山形大学工学部有機エレクトロニクス研究センターで、「三階から煙が上がっている」と消防に通報があったのは、二〇二〇年六月一七日の午前八時二〇分頃だった。

関係者によると、実験に使った産業廃棄物などが燃えていて、発生当初はどんな薬品が含まれているのかわからなかった。このため、放水は見送られ、消防隊員がキャンパス内の消火器を集めてきて消火にあたったものの、鎮火までに時間がかかった。

消し止められたのはおよそ二時間半後だった。煙を吸ったなどとして、消火活動にあたっていたセンターのスタッフ三人が軽いケガを負い、病院に搬送された。

有機エレクトロニクス研究センターは、山形大学が有機エレクトロニクス分野の世界拠点として二〇一一年に開所した。建物は五階建てで総面積は五六六三平方メートルある。

火災の現場は三階の有機トランジスタのデバイスを開発する研究室で、国のプロジェクトや、企業の共同研究が数多く行われるなど、多額の外部資金を獲得していた研究室だった。

火災の原因については様々な憶測を呼んだ。自然発火なのか、それとも混ぜてはいけない薬品などを混ぜたのか。原因が明らかにならなかったため、教授や准教授などの役職者以外は、自宅待機が続いた。

　すると、火災から六日後の六月二三日、スタッフ全員に急な招集がかかる。消火活動にあたって軽傷を負っていた、有期雇用のスタッフの男性が亡くなったと説明された。ただ、死因などの説明はなく、遺族の希望で葬儀は近親者で済ませたので、弔問などはしないでほしいと言われただけだった。

　あまりに内容の乏しい説明に、不審に思った人は少なくなかった。ほどなくして、情報収集をした関係者によって何が起きていたのかが知られることになる。実は、スタッフの男性は自ら命を絶っていたことがわかった。行方不明になったのちに、遺体で発見されていたのだ。

　それから九カ月後の二〇二一年三月一二日、山形県警米沢警察署は、亡くなった男性を現住建造物等放火未遂の疑いで、容疑者死亡のまま山形地検に書類送検した。有機エレクトロニクス研究センターでの火災の際、研究室で火をつけてごみや壁の一部を焼損させた疑いだった。

　学内のほとんどの関係者は、翌日の山形新聞朝刊の報道で書類送検を知った。報道されたあとになって初めて大学内部でも説明が行われた。

山形地検はのちに男性を不起訴にしている。大学は損害賠償を求めない方針を示した。ただ、書類送検されたあとも、なぜこのような事件が起きたのかについて、大学が調べたのかどうかもはっきりしない。事件は学内でタブーのような扱いを受けるようになった。

†センターで起きていた集団パワハラ

しかし、背景に根深い問題があったことが、舞台となった研究室のスタッフによって徐々に明らかになる。

火災から三カ月後、まだ書類送検前の二〇二〇年八月、亡くなった男性が所属していた有機エレクトロニクス研究センターでパワハラが起きていると、大学に申し立てがあった。被害に遭ったと訴えたのは、いずれも有期雇用の教授や研究員だった。

加害者とされるのは研究室の常勤の男性教授と准教授らで、常勤の教員が有期雇用のスタッフにパワハラをしていた構図だ。

研究センターには総勢およそ一〇〇人のスタッフがいた。しかし、常勤はわずか二人だけで、あとは有期雇用のスタッフと学生だった。有期雇用のスタッフは、企業などで長い実務経験を積んだうえで研究員として就職した人が多い。

実際に起きていたパワハラを、関係者は次のように証言する。

「教授は着任したスタッフに、いきなりベンチャーを立ち上げろと指示します。けれども、資金を出すわけではありません。多額の借金をさせた上でベンチャーを立ち上げるように強要するのです」

被害にあった一人は、教授から豊富な研究費があることや、ベンチャー設立に関する補助などがあるからと誘われて就職したが、実際は話が違っていたという。

このスタッフはベンチャー設立の責任を負わされたにもかかわらず、業務が遅れたことを理由に「来期は雇用できない」などと告げられた。

さらに、こんな証言もある。

「教授からいろいろな仕事をさせられますが、中には明らかな不正行為もあります。応じると不正の片棒を担ぐことになるので拒んでいると、呼びつけられて叱責されました」

ほかにも契約と異なる業務を押しつけられるなど、パワハラは日常的に行われた。研究員たちは精神的な苦痛を被り、被害を申し立てた一人は、逆流性食道炎を発症して退職を余儀なくされ、退職後も体調不良が続いているという。

亡くなった男性がどのような思いで放火未遂に至り、自ら命を絶ったのかは定かではない。ただ、同僚たちは男性が一人で多くの仕事を背負わされ、事件の半年ほど前から苦しんでいる様子を見ていた。さらに、男性が虚偽の報告書の作成を強要されていた、などといった情報もある。関係者は男性に対してもパワハラがあった可能性が高く、それが事件の背景にあったのではないかと考えている。

ところが、大学側は申し立てを受けた分も含めて、パワハラについての調査をしようとしなかった。

そこで、パワハラの被害者から相談を受けていた山形大学教職員組合が、同年一一月にパワハラを申し立てたことについて公表した。

さらに、被害者と組合では申し立てと並行して、教授がスタッフに強要していた不正について独自に調査を進めていた。その結果、多くの疑惑が浮上したのだ。

†研究費三〇〇〇万円を不正使用

パワハラの被害者と職員組合は、パワハラの申し立てを行った二〇二〇年八月から翌二〇二一年三月にかけて、大学やプロジェクトを所管する国立研究開発法人などに四件の公益通報をした。

主な内容は、教授らによる研究費の不正流用だ。

一つは、科学技術振興機構（ＪＳＴ）所管の「産学共創プラットフォーム共同研究推進プログラム」をめぐり、雇用契約に関して不正をした疑いだった。

関係者によると、プロジェクトに従事するはずだった有期雇用のスタッフは、実際は国土交通省が所管する研究に従事させられていた。しかも、数百万円の賃金は、さらに異なるプロジェクトの資金から拠出されていたことも判明した。

このスタッフが二〇二〇年二月に契約を更新する際、センターの教授から書面の一部しか見せてもらえないまま契約内容に合意するよう迫られ、威圧的な発言でサインさせられたという。スタッフは同年適応障害と診断されている。

また、国立研究開発法人海上・港湾・航空技術研究所（うみそら研）の「戦略的イノベーション創造プログラム」（略称・SIPスマート物流）でも、人件費や設備購入をめぐり研究費を不正に流用した疑いが強まった。さらに、疑惑はほかにもあった。

大学では二〇二〇年一二月に調査委員会を立ち上げ、「競争的資金等の不正利用にかかる予備調査」を開始し、翌年一月から本調査を実施していた。しかし、なかなか調査は進まなかった。

状況が変わったのは二〇二一年一一月、これらの疑惑について組合が刑事告発を検討していると明らかにしてからだった。

刑事告発の方針に慌てたのか、大学も調査を急ぐようになり、二〇二二年三月一八日、大学が調査結果を発表した。

不正に関与したのは研究センターに所属する教授二人で、合計約三〇〇〇万円にのぼる研究費の目的外使用を認定した。

具体的には、二〇一九年度と二〇二〇年度に勤務していた有期雇用のスタッフを、雇用契約を結んでいたプロジェクト以外の研究に従事させたことや、研究に使う装置の購入費を別のプロジェクトの経費から拠出していたことを認めている。

研究費三〇〇〇万円の不正使用は、国立大学としては前代未聞の事態だ。関係者は、大学が不正使用を認定したことに一定の評価をする一方、研究センターには他にも巨額の研究費が入っていることから、「認定されたのは氷山の一角ではないか」と見ている。

†山形大学は「パワハラに該当しない」

大学の調査結果には、明らかに不十分な点もある。関係者が指摘しているのは、当事者への処分が軽いことだ。大学は二〇二二年六月、研究費不正使用についての処分を発表した。問題の教授は停職三カ月の懲戒処分だった。九月には職場に復帰している。果たして研究費三〇〇〇万円の不正使用の処分として、適切と言えるのだろうか。

しかも、組合による調査では、他にも複数の専任教員が関わっていたことが明らかだったが、処分されたのは一人だけだった。「関係者を全員処分しなくていいのか」と疑問の声が上がっていた。

もう一つは、パワハラの申し立てに対する対応だ。山形大学は不正使用を認定した際、パワハラについてはまったく言及しなかった。関係者によると、大学はパワハラの公益通報を受理扱いにしようとせず、調査委員会も二〇二〇年八月の通報については聞かされていなかった、という情報もある。大学が意図的にパワハラの調査を避けたのではないかと関係者は疑っていた。

すると、山形大学学長の玉手英利氏は二〇二二年八月の定例記者会見で、研究センターにおける問題は「パワハラに該当しない」とする調査結果を突然発表した。

ところが、申し立て人に対しては、一向に調査結果の報告がない。大学の「キャンパス・ハラスメントの防止等に関する規程」によると、対策委員会などにおける対応が終了した場合、速やかに申し立て人に対応結果を報告することが定められている。「この規程に違反したものは、関係諸規定に基づき処分を受ける」ことも盛り込まれている。

にもかかわらず、九月末になっても何の報告もなかったため、職員組合が報告がないことに対する批判と、調査結果の不当性を訴える声明を出した。すると大学はようやく一〇月四日付けで、特別対策委員会の委員長名で「ハラスメントに該当しない」とだけ書かれた文書を申し立て人に送った。ただ、「該当しない」理由は一切書かれていない。これでは「報告」ではなく「通知」ではないだろうか。しかも、大学の書類にあるべき文書番号の記載もない。関係者は次のように憤る。

「研究費の不正使用が認定されているのに、その不正に無理矢理加担させられそうになるなど、直接関係する事案を「ハラスメントに該当しない」と結論づけるのはあり得ません。文書番号がないのは、パワハラに関する文書を学内に保存する気がないからではないでしょうか。山形大学の執行部にはコンプライアンスの意識が欠如していると言わざるを得ません」

幕引きしようとする大学側に対し、関係者は「今後も研究費の不正使用とパワハラについて調査を続けていく」と話している。山形大学では他にもパワハラやセクハラなどの不祥事が多数起きている。それでもハラスメントを防ぐための道筋は描かれていない。

3 院生の「八人に一人がハラスメント被害」の東北大学

†相次ぐハラスメント

「ブラック企業大賞」をご存知だろうか。

労働法などの法令に抵触するか、またはその可能性がある働き方を意図的に従業員に強いる企業や、パワーハラスメントなどの暴力的な強制を常套手段として従業員に強いる体質を持つ企業や法人を、「ブラック企業」に認定するものだ。NPOや弁護士、労働組合関係者、ジャーナリストなどで構成する実行委員会が二〇一二年から実施している。

二〇一二年に「ブラック企業大賞」の特別賞を受賞したのは東北大学だった。一九〇七年に日本で三番目の帝国大学として創立し、「研究第一」「門戸開放」「実学尊重」を掲げ、日本の大学として初めて女子の入学を許可した歴史を持つ国立大学だ。

特別賞を受賞した理由は、ハラスメントだ。二〇〇七年一二月に教授によるハラスメントで助手が自死し、宮城県労働局が二〇一二年三月に過労自殺と認定した。

大学院薬学研究科博士課程に在籍していた当時二四歳の男性助手は、指導教授の指示によって生殖機能の異常などの副作用がある抗がん剤の実験に従事させられた。排気を十分できない環境で一人だけでの実験を強いられ、時間外労働は月一〇〇時間を超えていた。その状況のなかで「仕事が遅い」などと叱責を受けていて、うつ病を発症していたと見られている。

二〇一二年には、またもハラスメントを受けていたとされる被害者が自死する事案が起きる。大学院工学研究科の准教授が、大学当局から東日本大震災後の研究室復旧で過重労働を強いられたうえ、一方的な研究室封鎖を告げられたことで自死した。准教授の自死は労災として認定されたが、学内の調査委員会は通常の業務量だったとして自死の原因と認めなかった。

この二つの自死事件が、特別賞受賞の大きな要因だ。しかし、東北大学で起きたハラスメントはこれだけではない。

二〇〇八年には、大学院理学研究科に在籍する修士の学生が、博士号取得のために准教授に論文を提出したが受理されず、その後添削や具体的指導をまったく受けられなかった。その後、学生は自死した。

二〇一〇年には教授が女性教員にセクハラをしたことが明らかになり、二〇一二年には医学系研究科の准教授が、図書館でアルバイトをする学生や職員に対しパワハラをしたことが問題になった。

さらに、二〇一六年には大学院工学研究科の教員三人が教授からパワハラを受けたほか、二〇一八年には女子学生が大学院生命科学研究科の助教から度重なるセクハラを受けた。二〇二一年には大学院工学研究科の特任助教が、副学長の長坂徹也氏ら三人を大学のハラスメント委員会に申し立てる。特任助教は副学長らから契約違反の業務を強要され、異議を申し立てると退職強要を受けたという。研究業務でも理不尽な指示に苦しめられて適応障害を発症し、大学の産業医からも条件付き就労可の意見書が出されたが、業務報告に支障が生じたことを理由に厳重注意を受けた。

長坂氏は、二〇一二年に准教授が自死した際の調査委員会の委員であり、准教授に代わって研究棟に入居した人物でもある。

このように東北大学では、ブラック企業大賞の特別賞を受賞したあとも、たびたびハラスメントが問題になっている。その主な舞台は理系の大学院だ。しかし、表に出ている事案はほんの一部だということが、学生の調査によって明らかになる。

†八人に一人の割合でハラスメントを経験

「工学研究科の大学院生にアンケートを実施した結果、全回答者のうち八人に一人がハラスメントを受けていることがわかりました」

東北大学の学生で構成するハラスメント防止団体EquAll（イコール）は二〇二二年四月、宮城県庁で記者会見し、ハラスメントに関するアンケート調査の結果を発表した。

調査は大学院工学研究科の八九研究室を対象に、二〇二一年一一月から三カ月間かけて実施され、修士や博士課程の院生ら六七人から回答が得られた。

ハラスメントを受けた経験についての質問には、八人が「自身がハラスメントを受けている・受けたことがある」と答えた。回答者六七人の一二％を占めることから、約八人に一人がハラスメントを経験していることになる。

また、「自分の周囲の人がハラスメントを受けたことを聞いたことがある」と答えた人は九人で一三％だった。

ハラスメントを受けた場面について聞くと、研究室内や研究活動が大半を占めた。加害者の多くが教授や助教だった。具体的には、怒鳴られることや強い叱責などのパワハラがもっとも多く、研究における強要や強制、身体に接触されたなどのセクハラを受けたとする回答も多かった。

EquAllでは結果について、「教授からは単位を握られているので、言うことを聞かなかったら単位を与えられない、もしくは卒業できないかもしれないといった学生の立場の弱さが表れている」と分析した。

一方で、「他者がハラスメントを受けているのを見たことがある」と答えた人は四人で、全体の六％だった。実際に受けた人や聞いたことがある人に比べると、この割合は少ない。その理由は、ハラスメントが閉鎖的な空間で起きているからではないかとEquAllは指摘する。

「教員は学生と一対一のときにハラスメントに及ぶことが多いと考えられます。研究室は閉鎖性な空間で、特に理系の場合は実験で一日中研究室にいることも少なくありません。外部の目にさらされることが少ないことが、ハラスメントの横行を招いている可能性があります」

また、大学内にハラスメントの相談窓口があることを知っているかどうかを質問すると、四二人が「知っている」と回答した。ただ、実際に相談したことがあると答えた人はわずか一人だった。

東北大学では前述の通り、数々のハラスメント事案が発生しているが、大学側が積極的に公表したものはほとんどない。EquAll は大学の体質にも疑問を呈している。

「東北大学でハラスメントが起きるのは、教授個人の問題というよりは、大学の構造的問題であり、大学にハラスメントの体質があると考えています。特に研究室内においては、教授の言うことを聞かなければ自分の研究者としての道が開かれなくなります。そして、大学の研究も競争性が増しており、教授も企業からの資金を得て成果を出すことに躍起になっています。そういった研究環境が、ハラスメントを起こりやすくしているのではないでしょうか」

†学生がハラスメントから守られていない

　EquAllは二〇二一年六月、大学院生や学部生数人によって立ち上げられた。きっかけは、二〇一二年に准教授がハラスメントによって自死した件を知ったことだった。ショックを受けると同時に、ハラスメントに対する問題意識が広がっていないと感じて、シンポジウムなどの活動を始めた。

　メンバーは理系の学部や大学院に所属していて、自分の身にも降りかかるかもしれないと危機感を抱いている。


「大学に入るまでハラスメントの事件があるなんて知りませんでした。二〇一二年の准教授の件を知って、こんなひどい事件があったんだとショックだったと同時に、恐怖を感じました。いずれ研究室に配属されることを考えると不安で、他の学生も困っています」

（工学部三年生、男性）

「学年が上がって、自分も当事者だという意識が強くなりました。被害者の方の話を聞いていくなかで、ちゃんとした研究ができる環境は普通にあるものではなく、自分たちで獲得していかなければならないと感じました」（農学部四年生、女性）

「自分も研究をしたい思いがありますが、現場で起きるハラスメントを無視することはできません。ハラスメントの問題に取り組む学生の団体はあまり見られなかったので、先陣を切ろうと考えて取り組み始めました」（工学部四年生、男性）

EquAllが活動を初めてすぐに、二〇二一年に特任助教が副学長の長坂氏をハラスメント委員会に申し立てた件が明らかになった。

そこで実態を調べる必要があると、初めて実施したのが前述のアンケート調査だ。メンバーは調査結果を分析するうちに、現状では学生をハラスメントから守る仕組みが事実上ないと感じたという。会見では改善策を次のように提起した。

「学生がハラスメントを受けても、閉鎖された空間で問題を告発することで、その分野で研究する道が閉ざされるリスクがあります。指導教授を変えてほしいと要求すれば、大学で研究を続けられなくなる可能性もあるでしょう。仮にハラスメント相談窓口に訴えても、結論まで時間がかかるのが現状です。しかも、大学の内部組織による調査では、公平性を保っていると言われても、学生は安心して相談できないのではないでしょうか。今後は第三者による救済機関の設置や、ハラスメントをした教授への処分を強化することを求めていきたいです。あわせて、学生が自分たちで身を守る取り組みも必要だと考えています」

大学で雇用されている教職員であれば、ハラスメントによる長時間労働などが労災の対象になることもある。労働組合などに加入していれば、大学側と交渉もできる。しかし、学生がハラスメントの被害を受けても、現状では救済する機関はないに等しい。

「学生が被害者になった場合、個人でどうにかしないといけないのが現状です。メンタルの不調を訴えて通院しようと思っても、治療費はどこからも出ませんし、療養のために大学を休んだ場合、単位がもらえる保証はありません。学生と一緒に大学と闘ってくれる機関もなく、弁護士を雇う事も難しく、学生の権利がほとんどないのが現実です。この状態を変えていく必要があると思っています」

EquAllでは東北大学におけるハラスメントの現状を、今後も継続して調査していく。

4　最高裁が「セクハラ捏造」を認定した宮崎大学

†身に覚えがない理由で懲戒解雇される

大学にハラスメントの相談窓口があったとしても、学生や教職員からの相談に対して真摯に対応しないケースは多くの大学でありうることだ。

さらに、対応にあたるのが大学内部の閉ざされた組織である場合には、ハラスメントがもみ消されるだけでなく、時にはハラスメントが捏造され、教員が処分されることもある。身に覚えがないセクハラやパワハラを理由にある日突然解雇された教員が、裁判で最高裁まで闘った結果、解雇の理由が「捏造」されたものだと認定された——そんなにわかには信じがたい事件が、国立大学の宮崎大学で実際に起きた。

宮崎大学の教員だった男性は、二〇一二年三月で約八年間務めた宮崎大学を退職し、四月から首都圏にある他大学の教員に就任することが決まっていた。男性は理不尽な状況の多かった職場から、新たな環境で研究と教育活動ができることに期待を膨らませていた。

ところが、退職直前の三月一二日、男性のもとに宮崎大学から唐突に次のような通達が届く。

「特別調査委員会に出席するように」

特別調査委員会など学則にもなければ聞いたこともない。男性は自分が調査対象になる覚えはなかった。

事務局に問い合わせると、担当者は答える様子がないだけでなく、男性に対して攻撃的な反応を繰り返したという。男性は直接対応するのは困難と判断して、弁護士に相談し、なぜ自分が学則にもない委員会に出席しなければならないのか、その設置目的や根拠などについて、弁護士を通して事前に大学に確認した。

これに対して大学からは、「男性教員が指導した学生の卒業論文に、半裸の女子学生らしき写真が多数掲載されていた。このことを調査する」と書かれた文書が送られてきたのだ。

文書には合わせて、ハラスメント質問事項と書かれた文書が同封され、一四項目にわたる質問が書き連ねられていた。

「あなたが指導した平成二三年度卒業生に、東京の方に就職するようしつこく勧誘しましたか」

「平成二三年度卒業生に対して、自分の卒論指導を受けるように、無理強いをしたことはありますか」

「学生の半裸写真を、学生が嫌がるにもかかわらず卒論内に入れるように指導しましたか」

「あなたの研究室の女子学生に対して、遅い時間帯（例えば一〇時以降）自分と二人だけで研究室にいるよう勧めたことはありますか」

どの質問も男性に思い当たる節はなかった。質問に出てくる学生が誰を指しているのかもわからなかった。指導した学生の論文に、半裸の女子学生の写真など掲載させるわけがない。しかし、このときの大学の対応は、すべてが男性が経験したことのない異常な対応であったことだけは間違いなかった。

男性は大学からの質問に対し「思い当たることがありません。また、内容が抽象的でわからないので具体的に教えてください」と文書で回答した。

不穏な空気を感じながらも、男性は予定通り宮崎大学を退職し、他大学に赴任した。他大学への異動はこの件が起きる四カ月前に決まっていた。

すると異動直後、当時の宮崎大学学長である菅沼龍夫氏の名前で、「懲戒処分として懲戒解雇する」と明記された三月三〇日付の文書が、男性の元に送られてきたのだ。

さらに六月には「退職手当の支給制限書」が宮崎大学から送られてきた。退職手当が支払われないことが一方的に決められていた。

宮崎大学の内部でいったい何が起きているのか、男性にはまったくわからなかった。

†「パワハラ・セクハラで解雇」と報道

退職後の「不当な解雇」と「退職金不支給」といった宮崎大学の強引なやり方に男性が憤っていた矢先、「宮崎大元准教授セクハラ」「卒論に裸写真掲載」「学生の半裸写真、屋外で撮影」といった言葉が、地元宮崎のみならず全国の新聞の見出しに踊った。

いずれの記事の内容も、大学側が一方的に発表したものだ。男性にとってみれば、大学側が解雇を正当化するためにメディアを利用したとしか思えなかった。

もちろん、男性の元にも事実関係を確認する取材が来た。代理人を通じて「まったく身に覚えがないか、事実誤認に基づく決めつけだ」と答えたが、結局は大学の言い分のほうが大きく報道されてしまった。

この報道が予想もしていなかった事態を引き起こす。男性は着任していた大学の理事から突然呼び出しを受けて、こう告げられた。

「自主的に辞めるか、解雇かどちらかを選んでください」

男性は「辞めません。私は何もしていません」と、報道されたハラスメントは事実ではないと反論した。

すると大学側は、「それでは解雇です」と述べた。解雇の理由は「報道されたから、解雇する」ということ以外、説明がなかった。学内のしかるべき機関で審議されたのかどうかも不明だった。

男性は着任からわずか二カ月で解雇された。しかも、事実ではないハラスメント報道によって職を失ってしまったのだ。

男性は二〇一二年一二月、国立大学法人宮崎大学に対し、「解雇の理由は事実無根」として、解雇の無効を求めて宮崎地方裁判所に提訴した。

それにしても、一方的に「ハラスメントで解雇」された理由が、男性には理解できなかった。

そこで、男性の代理人弁護士が「宮崎大学の主張は明らかにおかしい。裁判になったことで証拠隠滅を図る恐れがあるので、宮崎大学に対して証拠保全が必要」と提訴の前に主張した。

すると宮崎地裁は、証拠保全を緊急に行う必要があると判断して、強制的に宮崎大学から証拠資料を押収した。裁判所が行政や大学など公的な機関に対して証拠保全をすることは滅多になく、異例と言える対応だった。

このときに集められた証拠によって、宮崎大学がどのように男性をハラスメントを理由とした懲戒解雇に追い込んでいったのかが明らかになっていく。

亡くなった女子学生との関係を捏造

大学はハラスメントを認定する際、様々な理由を捏造している。その一つは、男性とある女子学生との関係だった。

男性が宮崎大学を退職する前月の二〇一二年二月二四日未明、当時四年生だったAさんが、大学の校舎から飛び降りて死亡するという痛ましい事件が起こっていた。Aさんは男性がゼミで指導していた学生で、卒業も決まっていた。

その前日、Aさんは男性の研究室を訪れていた。男性によると、二人はしばしば談笑したが、Aさんは机に手書きのメモを残していた。

「内容はセンシティブなもので、学生同士でトラブルがあったことと、自殺を仄めかすような文言がありました」

Aさんは日頃から精神的に不安定で、仲の良いごく一部の学生以外とは会いたくないと言っていた。そのため男性は他の学生とは別にゼミの指導をした。Aさんの精神科への通院もサポートし、家族ともその様子や体調について連絡を取り合っていた。

宮崎大学安全衛生保健センターから紹介された医院に付き添って行き、医師からは「先生が十分サポートして下さったことは、きっとご家族にも感謝されると思います」とメールをもらっていた。宮崎大学医学部附属病院にも、Aさんのカウンセリングをお願いしていた。そもそも男性にやましいことがあれば、実態が明るみに出るカウンセリングのサポートなどするはずもなかった。

Aさんが研究室を出て行った後の午後七時過ぎ、男性の携帯にAさんからメールが届いた。

「もうあいつらと話すの嫌」という一文から始まり、「報告書は先生から（Aさんの友人に）連絡してください。お願いばかりでごめんなさい。そしてありがとう。先生だけが味方でした」と結ばれていた。

報告書とは、「学部重点経費」に関するものを指している。「学部重点経費」は優れた研究テーマに大学が経費を出すもので、Aさんはこの報告書をまとめるよう、他の学生から押し付けられていたようだった。

男性は「報告書は安心して。なんとかするから。きょうは安心してお休み。全て大丈夫だよ」と返信した。それから八時間後に、Aさんは自ら命を絶った。ただ、男性がAさんのメモに気づいたのは、その後だった。

「メールを受け取ったときに、「先生だけが味方でした」という言葉が少し気になりましたが、それほど深刻には受け取っていませんでした。しかし、メモに気づいた後に言葉をかけられなかったことを悔やみました」

男性は胸を痛めた学生の死を、解雇の理由にされているとは思いもよらなかった。

†裁判資料で明らかになった驚きの事実

Aさんの死から約七カ月が経った九月末、男性は裁判所が押さえた資料によって、宮崎大学が自分がAさんにパワハラをしていたと主張していることを初めて知った。

資料によると、Aさんが亡くなった五日後の二月二九日、Aさんが書き残したメモに名前があった学生が、他のゼミや他の学部の学生とともに「男性とAさんには性的関係があった」と大学側に報告していたのだ。

男性にとっては事実と反することを報告された形だ。さらに不審に思ったのは、報告したとされる学生たちの名前を確認したときだった。なぜなら、この学生たちはAさんと親しいわけでもなく、むしろAさんが「会いたくない」と話していた学生たちだったからだ。それを裏付けるように、大学が作成した報告書にも、学生たちがAさんから避けられていたことを自認していたという記述があった。

また、男性はAさんの死についてどのような調査が行われているのかわからなかったため、警察に問い合わせた。すると、「学生たちが責任をあなたに押し付ける証言をしている」と、担当者から告げられた。

しかも、大学の理事や学部長が、Aさんの両親に「男性がAさんに異常な接し方をしている」と学生が報告してきたことや、「二人に男女の関係があったと思われる」といった話を伝え、両親の敵意が男性に向かうようにしていたことも資料からわかった。大学が学生も巻き込んで、男性とAさんの関係を捏造したことが窺える。

「捏造」はAさんとの件だけではない。裁判所が押さえたパソコンの記録からは、驚くべき事実が判明する。

大学は男性を解雇相当の処分にしたあと、六月になってそのことをマスコミに公表した。その際に、複数の学生から三月九日と一一日に「男性からハラスメントを受けた」との申立書を受理したと、Aさんとは別のハラスメントの存在を説明していた。

ところが、パソコンに残されていた三月九日付の申立書のデータを確認すると、作成日は三月二三日だった。三月一一日付の申立書は、三月二六日に作成されたものだった。

つまり、申立書は学生が書いたものではなく、申立書が提出されたとする日付よりも後の、懲戒処分を決定する直前に大学内で作成されていたものだった、ということだ。

しかもファイル名は「ハラスメント申立書（〇〇・例）」と書かれている。〇〇には学生の名前が入っている。「例」とはどういう意味なのか。誰かが例文を作り、それに倣って申立書を作らせたのだろうか。

少なくともAさんへのハラスメントも、複数の学生に対するハラスメントも、男性には身に覚えがなかった。しかし、これらのハラスメントが「捏造」されている可能性が、資料から判明したのだ。

「捏造」は他にもあった。大学が男性の懲戒処分を決定した際に大きな問題にしていたのが、男性に届いた通知にも書かれていた「准教授が指導した学生の卒業論文に、半裸の女子学生らしき写真が多数掲載されていた」ことだった。

大学はこの件が重大なハラスメント行為にあたるとしてマスコミに公表し、裁判の争点にもなった。だが、この発表内容自体も事実無根だったのだ。

経緯は次のようなものだった。Aさんが亡くなった一週間後、学部長と事務職員が男性の研究室に突然入り込んできて、「亡くなった女子学生の卒業論文を出せ」と言ってきた。そして研究室を見渡し、学部長らはAさんの卒論ではなく、なぜか別の冊子を手に取って持っていこうとした。男性が「それはAさんのものではありませんよ」と言うと、「説明はあとで聞く」とだけ言って構わず持っていった。

このとき学部長らが持っていったのは、他学科の研究室のゼミに所属する学生の卒論だった。その卒論は、男性がなぜ自分の部屋に置かれていたのかがわからず、不審に思っていたものだった。内容は宮崎県内の妖怪伝説について調査したもので、裁判所が押収したものから内容を見てみると、人魚のイメージを再現した項で半裸に見えるような女性の写真が掲載されていた。

ただ、卒論には通常であれば記載されているはずの指導教員名がどこにも記されていなかった。男性のゼミの卒論や修論にはマニュアルがあり、男性のゼミ生の論文は卒業年度を問わず、すべてマニュアル通りに統一された横書きで書かれているが、その卒論は縦書き二段で書かれていた。

男性はこの卒業論文を書いたとされる学生の指導もしていないし、女性の撮影の強要もしていない。男性が知らない間に研究室に置かれていたものだが、誰かが研究室に忍び込んで置いていき、「男性のゼミ生の卒業論文に半裸写真があった」というストーリーを作った可能性すら疑われる。

その疑いも、資料によって裏付けられた。大学が三月二七日に男性の処分を検討した際、この卒業論文を亡くなったAさんのものとして扱い、男性がこの卒論の指導や半裸写真の撮影をしたと、男性から話も聞かずに一方的に認定したことが明らかになった。学生二人が研究室に忍び込んで物色していたことや、そのことを当時の副学長が「あまり無理をするな」と言ったことまで、大学が作成した文書に書かれていた。

つまり、大学が解雇の理由として挙げたものには、根拠がなかった。理由を「捏造」したのであれば、事態は深刻だ。

処分が行われる前、男性のもとに大学から一四項目にわたる質問がきたことを先に触れた。男性が「思い当たることがありません」と答えたことに対して、大学は「思い当たることがないと言いながら、誰が、いつ、どこでなどの具体的なことを問うてくること自体極めて不自然なことであり、このことからも自ら関与を示していると考えられる」と、無理矢理ハラスメントを認定していたことも、押収された文書に示されていた。

これだけの資料が存在しても、大学は裁判で「ハラスメントは事実だ」と堂々と主張していた。一審の宮崎地裁は大学の主張を受け入れ、男性側の最終準備書面を受け取ることなく審議を打ち切り、男性の訴えを棄却している。

その後、二審の福岡高裁で男性の主張が受け入れられ、大学によるハラスメントの「捏造」が認定された。裁判所が大学に対して慰謝料と退職金を合わせて三〇〇万円あまりを男性に支払うよう命じ、男性が逆転勝訴したのだ。

大学は即座に上告したが、二〇一六年一〇月の最高裁判決は福岡高裁の判決を支持し、男性の勝訴が確定している。

判決文によると、男性が指導している学生の卒論に、半裸の写真の撮影や掲載を強制したとする大学の認定理由に対しては「そもそも当該の学生を指導した事実がない」と認定した。

それ以外に大学側が主張したパワハラやセクハラ、アカハラも事実無根であり、男性が懲戒解雇になるような理由はないとして、「大学の決定とマスコミへの公表はいずれも違法で、不法行為である」と厳しく断じた。

†ハラスメント「捏造」は検証されたのか

宮崎大学は最高裁で判決が確定したあと、「捏造」に関与した教員や関係者に対し、何の処分もしなかった。これに対し、文科省は、判決から五カ月が経った二〇一七年三月上旬から、宮崎大学に対して指導を始めた。

文科省の国立大学法人支援課は「宮崎大学には判決結果を受け止めて、今回問題になった手続きや事実認定のあり方を検証して、今後同じことが起きない体制をつくるよう求めています」と指導の内容を明かした。

この指導に対して、宮崎大学は当時、「第三者による委員会を立ち上げて検証していく」と文科省に回答しているが、筆者の取材に対して宮崎大学は「検証はしたが、結果についてお答えできない」とだけ話した。ハラスメントがどのように「捏造」されたのか、その経緯は不明のままだ。

男性は宮崎大学にハラスメントを「捏造」されたことによって、退職金不払いの処分を受けた。裁判に勝ったことで処分は取り消されたものの、理不尽としか言いようがない。

「捏造」に関与したと見られる学生について、男性は「中心になった人物を除き、大学に誘導されただけだろう」とかばう様子を見せた。その一方で「宮崎大学の執行部は根本的に腐り切っている」とあきれるしかなかった。

男性は研究業績が多く、現在勤務する大学でもゼミ配属を希望する学生が毎年数十人もいる、いわゆる目立つ教授である。男性は、「現在の大学では、自己顕示欲ばかりが強く、人格・能力が欠如した人物が理事の職にあるケースが目立つ」として、次のように指摘した。

「大学でのハラスメントの申し立ては、目立つ人物を陥れる捏造も多いと感じています。それでも、まともな執行部であれば、捏造された人が処分対象になることはありません。しかし、私のケースのように、執行部が捏造した場合は、だれも止めることができないのではないでしょうか」

5 後を絶たない大学内でのハラスメント

†あらゆる人間関係でハラスメントは起きる

第三章では大学で起きているハラスメントについて、特に異常とも言えるケースを取り上げた。全国の大学でハラスメントはおそらく日常的に起きているだろう。

大学でハラスメントが起きる構図は多岐にわたっている。教授から准教授や助教などに対するもの、教授や准教授などから大学院生や学部生に対するもの、教員から職員に対するもの、さらには学生同士など、パワハラ、セクハラともに後を絶たない。

労働問題に取り組む弁護士事務所によると、大学で起きたハラスメントに関する相談自体は近年増えているという。

大学の中でも特に医学部は、上司の意向は絶対とされるピラミッド型の組織だと言われる。もちろん、教職員の場合は医学部に限らず、ハラスメントをした相手が上司だった場合、被害者が抗うことは難しくなる。被害者の多くは泣き寝入りをしているのではないだろうか。

しかし、教授や准教授などの研究者同士は、本来は上下の関係ではなく、お互いに敬意を払う関係であるはずだ。二〇〇七年の学校教育法改正で、「助教授」の名称をなくし、准教授としたのは、教授に対して下位にいるかのような「助教授」という名称が、実際の業務と合っていなかったのも大きな理由だった。その法改正の趣旨が、ここにきて弱ってきているとも言える。

†機能しないハラスメント相談窓口

取材をしていて感じるのは、大学のハラスメントの相談窓口が機能していない大学が少なくない、ということだ。さすがに相談窓口自体は、多くの大学に設置しているだろう。問題は、その運用だ。

大学でのハラスメントが一九九〇年代に深刻な社会問題化したことを受けて、各大学はハラスメントの防止に取り組み始めた。二〇〇〇年代には、第三者的な立場のメンバーによって審査や調査をして、パワハラやセクハラに対する処分を出す大学が増えていった。

それが、二〇〇四年の国立大学の法人化や私立学校法の改正、教授会が学長の諮問機関に格下げされた二〇一四年の学校教育法の改正を経て、大学の執行部の権力が強まるにつれて、ハラスメントの問題がブラックボックス化された大学も多い。執行部の意向によって、申し立てられたハラスメントへの対応が決まってしまうのだ。こうした大学は、ハラスメントの相談件数や受理件数すら公表していない。調査結果も有耶無耶だ。

さらには、「理事のパワハラは一般の教員が申告しても調査しない」と主張している大学も存在する。

大学の最大のステークホルダーは、言うまでもなく学生である。相談窓口が機能していなければ、労働組合や弁護士などに相談することがなかなかできない学生は、守られる術がない。特に研究者を志す学生は、志望する大学のハラスメント対応も確認しておくにこしたことはない。それだけ大学ではハラスメントが横行しているのだ。

†文科省も指針を持たず

ハラスメントは言うまでもなく人権侵害である。本章で触れた追手門学院やブレインアカデミーによる退職強要は常軌を逸している。労働基準監督署に労災認定されるほどの深刻な事案にもかかわらず、大学を所管する官庁である文科省がこれまで指導などを行った形跡が見えないのはどういうことだろうか。

これだけ大学でハラスメントをめぐる問題が起きている背景には、大学に限らず教育現場でのハラスメントを解決する機能や機関を、文科省が持っていないことも一因だと考えられる。

ハラスメントを防止できるかどうかは、大学の自助努力に任せられているのが実情だ。それだけに、大学によって対応にばらつきが生じてしまう。もちろん、安心して学び、研究できる環境を作ることや、何か問題が起きた場合に適切に対応できる体制を構築することは、大学に最低限求められることだ。それができていないのであれば、防止するための新たな方策を考える時期に来ているのではないだろうか。

大学執行部や幹部らによるハラスメントの延長線上には、労働関係の法律を無視した不条理な解雇がある。大学で「大量雇い止め」が起きることも、もはや珍しくない。第四章では、雇用破壊の現場を見ていきたい。

第 四 章

大学は雇用破壊の最先端

1 「学部再編失敗で大量リストラ」奈良学園大学の暴挙

†教員四〇人をリストラ

大学に入学する年齢である一八歳の人口は、一九九〇年から三年間は毎年二〇〇万人を超えていた。その後は減り続けて、二〇〇九年頃から一二〇万人前後で横ばいとなっていたものの、二〇一八年から再び減少に転じた。

この時点で私立大学では、地方の大学を中心に約四割がすでに定員割れの状態に陥っていた。大学の進学率が上昇したとはいえ、一八歳人口が減少しているにもかかわらず、この五〇年間で私立大学の数が倍増したからだ。私立大学がこれから本格的な淘汰の時代を迎えるのは間違いない。これが大学の「二〇一八年問題」の一つだ。

大学が再編や統合を迫られたとき、大学で働く教職員はどうなるのか。実際に大学再編をめぐり、教員の大量リストラに踏み切った大学がある。奈良県の学校法人奈良学園が運営する、奈良学園大学だ。

奈良学園は二〇一三年一一月、約四〇人の教員に対して、二〇一七年三月までに転退職するように迫った。

理由として説明されたのは教員の「過員」だった。リストラの対象になった約四〇人に非はない。それどころか、正確に言えば、奈良学園による「学部再編の失敗」が直接的な原因だったのだ。

「私たちは大学による学部の再編失敗のしわ寄せによって解雇されました。こんな解雇が許されたら、大学改革や再編の名の下で理不尽な解雇が可能になります。絶対に許すわけにはいきません」

こう憤るのは、当時奈良学園大学の教授だった川本正知氏。川本氏は京都大学大学院文学研究科博士後期課程を単位取得退学し、複数の大学や短大で非常勤講師を務めたあと、一九八九年に奈良学園大学の前身、奈良産業大学に講師として着任した。一九九九年から教授の立場にあった。

リストラを迫られた四〇人のうち、多くの教員は他の大学に移るなどして、若干の優遇措置と引き換えに大学を去った。その他の教員は雇い止めされた。川本氏ら八人は教職員組合を結成して最後まで交渉を試みたが、二〇一七年三月末に解雇されたのだ。

†学部再編を申請も文科省から「警告」

奈良学園大学は一九八四年、奈良県生駒郡三郷町に奈良産業大学として開学した。硬式野球部は多くのプロ野球選手を輩出している。

名称が奈良学園大学になったのは二〇一四年四月で、学部再編の失敗はこの直前に起きた。

名称が変わる前、奈良産業大学はビジネス学部と情報学部を有していたが、学校法人奈良学園は名称変更に合わせて二つの学部を現代社会学部に改編し、人間教育学部と保健医療学部を新設することを二〇一三年に文科省に申請した。

この申請の際、再編が成立しない場合はビジネス学部と情報学部に戻して学生の募集を継続することを、ビジネス学部と情報学部の二つの教授会で決議し、理事会、経営評議会で確認していた。

申請の結果、新設の二学部は設置が許可された。ところが、現代社会学部は要件を満たしていないとして、二〇一三年八月に文科省から「警告」を受ける。すると、奈良学園は申請をやり直すのではなく、申請を取り下げた。

三カ月後の一一月、教員向けの説明会が突然開催された。学園側は、ビジネス学部と情報学部を廃止することを明らかにし、二つの学部に所属する教員約四〇人に転退職を迫ったのだ。

このとき、川本氏は唖然とした。学部を廃止することも、自分たちがリストラされることも、想像していなかったからだ。

さらに、解雇の理由である「過員」についても、到底納得できるものではなかった。新設した人間教育学部と保健医療学部のためにすでに約四〇人の教員を新規に採用していたので、教員が多すぎるというのだ。

川本氏はこの説明会で言い放たれた言葉を「今でも覚えている」と憤る。

「法人側は私たちに、警備員なら雇用継続が可能だと言いました。この発言には耳を疑いました。再編が成立しない場合は既存の学部を残す決定があったにもかかわらず、リストラをするのは道義的にも許されることではありません。警備員なら雇うという発言も含めて、とても教育機関とは思えません」

奈良学園は学部再編に失敗したとはいえ、経営難だったわけではない。幼稚園から大学まで一〇の学校を運営し、約二〇〇億円の流動資産を保有しているほか、この年までの一〇年間で三〇〇億円以上の設備投資もしていた。経営難を理由としないばかりか、経営陣自らの失敗を責任転嫁した大量リストラは異常だろう。

このリストラを止めようと、川本氏らは教職員組合を結成して、奈良県労働委員会にあっせんを申請した。労働委員会は二〇一六年七月、「互いの主張を真摯に受け止め、早期に問題解決が図られるように努力する」ことと、「労使双方は組合員の雇用継続・転退職等の具体的な処遇について、誠実に協議する」ことなどを求めるあっせん案を示した。

労使双方はこのあっせんに合意した。あっせんに沿って団体交渉を進めるはずだったが、奈良学園は翌月にはこの合意に反して、「事務職員への配置転換の募集のお知らせ」を一方的に配布する。事務職員になるなら引き続き雇用するという主旨だった。

さらに一一月には、組合員については退職勧奨をすることを理事会で決定してしまった。労働委員会にあっせんを申し立てたことに対する、報復とも言える行為だ。

組合は奈良県労働委員会に不当労働行為の救済を申し立てたが、奈良学園は二〇一七年二月に解雇予告通知書を出して、三月末に解雇を強行してしまった。

川本氏ら組合員八人に残された道は、法廷闘争しかなかった。解雇された直後の二〇一七年四月、奈良学園を相手取り、地位の確認などを求めて奈良地方裁判所に提訴した。

†大学や学部新設で二度にわたる虚偽申請

奈良学園から文科省への申請をめぐる不手際は、現代社会学部の改編申請が初めてではなかった。

二〇〇六年には奈良文化女子短期大学を改組して「関西科学大学」を設立する申請をしたが、申請書類に虚偽の記載があったことが文科省から指摘され、文科省は大学設置申請を却下した。すでに亡くなっていた初代理事長を、理事会の構成員として申請していたのだ。虚偽記載による設置申請の却下は、日本で初めてのことだった。

申請を却下されたが、そのときにはすでに二〇〇人以上に入学の内定を出していたことが大きな問題となった。結局、一人あたり三〇万円の補償金を支払ったほか、文科省からは新たな学部の申請を三年間禁じられる処分を受けた。この理事会の虚偽申請によって学校法人奈良学園は莫大な損失を被った。

さらに二〇〇七年にも、ビジネス学部への改組を申請した際、書類に虚偽記載があったほか、虚偽の教員名簿を出していたことが判明した。

過去にこれだけ問題を起こしていながら、奈良学園理事会や大学の幹部が責任を取ってこなかったことが、二〇一三年の現代社会学部申請の失敗につながっていると川本氏は指摘する。

「自分たちは失敗の責任を取らずに、教員にリストラを押し付けたのが今回の問題の構図です。こんなことが許されたら、大学の経営陣が赤字になった学部の教員を一方的に解雇することが可能になってしまいます。大学教員の労働者としての権利が蹂躙されているのは明らかです」

また、度重なる問題を起こしても、幹部が責任を取らずにその職を続けることができるのは、学校法人の仕組みに欠陥があるのではないかと川本氏は考えている。

「経営者には経営の自由があると思います。その一方で、問題が起きたときには、株式会社であれば株主総会で経営陣の責任が追及されます。しかし、学校法人の理事会は、問題を起こしても責任を取る仕組みがありません。学校法人が公的資金を得て、税制上も優遇されているのは、営利企業とは設立の趣旨がまったく異なるからで、社会的な役割から高い倫理観が要求されるはずです。それなのに、責任を取ることがない経営の自由が認められることに疑問を感じます」

この点は第二章で触れた、私立大学の理事会の暴走を止められないのと同じ構図だ。文科省はむしろ、理事会の権限を強化してきた。理事会に不当とも言える理由で一方的に解雇されても、教職員の側は裁判闘争をするしかないのが現実なのだ。

「私たちが泣き寝入りすれば悪しき前例になり、日本の私立大学全体に影響してしまいます。大学教育を守るためにも、最後まで諦めずに闘います」

†一審で解雇無効と一億円超の支払い命じる

川本氏ら教員が訴えた裁判は、提訴から三年後の二〇二〇年七月に一審の奈良地裁で判決を迎えた。原告は元専任教員六人と、再雇用の元教員二人を合わせた八人だったが、元専任教員の一人は他大学に職を得て訴訟を取り下げていた。

判決では、再雇用の元教員二人の訴えは却下したものの、奈良学園に対し五人の元専任教員の解雇無効と、未払いの賃金など合計一億二〇〇〇万円以上の支払いを命じた。

三年にわたる審理では、奈良学園による解雇が人員削減の必要性や解雇回避の努力、人選の合理性、手続の相当性など、労働契約法一六条で定める整理解雇の四要素を満たしているのかどうかが検討された。

その結果、五人の元専任教員の解雇は、客観的に合理的な理由がなく、通念上相当ではないと結論づけた。さらに、大学教員は高度の専門性を有する者であるから、教育基本法九条二項の規定に照らしても、基本的に大学教員としての地位の保障を受けることができると判断した。

つまり、無期労働契約を締結した大学教員を、一方的に解雇できないことを示したのだ。川本氏らは判決を次のように評価した。

「奈良地裁の判決は、私たちの解雇が労働契約法で定められている解雇の条件を欠いていると認定しました。さらに、大学教員は高度の専門性を有するので、地位の保障を受け取ることができると示してくれました。この判決に感激しています」

しかし、この判決を奈良学園は不服として控訴した。原告側は解雇の無効や復職について話し合いでの解決を求めたが、やはり奈良学園は拒否していた。

問題が解決したのは二〇二一年五月だった。大阪高裁は、奈良地裁の判決を前提にした和解での解決を奈良学園側に説得して、最終的に合意に至った。和解の内容については口外禁止条項が付されているため詳しい内容は明らかにされていないが、原告側の弁護団によると「定年前の二人の大学教員が職場復帰されるなど、原告の長い闘いが報われる内容」だったという。

大量リストラが通告されてから高裁での和解で解決するまでに約八年、提訴からは約四年の月日が流れた。川本氏は勝利に等しい和解を喜びながらも、複雑な思いで闘争を振り返った。

「私たちは大学の研究者であり、教育者です。大学における研究・教育において失われた四年間という時間は取り返しがつきません。裁判に勝ったとはいえ、学問的な面においても、精神的な面においても、リハビリテーションが必要な状況に置かれています」

不当な解雇に対して裁判を起こした場合、結論が出るまでには長い時間がかかる。闘い続けるのは容易ではなく、全国には泣き寝入りを余儀なくされた教員もいるだろう。
それでも諦めなかった奈良学園大学の元教員たちの闘いは、私立大学の経営側による身勝手な大量解雇を許さない大きな前例となった。

2 視覚障害がある准教授を教員から外した岡山短大

†障害者差別解消法を無視

全ての国民が、障害の有無によって分け隔てられることなく、相互に人格と個性を尊重し合いながら共生する社会の実現に向け、障害を理由とする差別の解消を推進する（中略）。

これは二〇一六年四月に施行された、障害者差別解消法の目的だ。
ところが、法の施行とほぼ同じ時期に、視覚障害があることを理由に、准教授を教職から外した大学がある。学校法人原田学園が運営する岡山短期大学だ。

幼児教育学科の准教授だった山口雪子氏は二〇一六年三月、視覚障害を理由に「指導能力がない」と突然授業を外された。

山口氏は教職への復帰を訴えたが、岡山短大が復帰を認めなかったため、法廷闘争に発展し、二〇一八年一一月、最高裁で山口氏の勝訴が確定している。

にもかかわらず、岡山短大は山口氏の教職復帰を引き続き認めなかった。最高裁判決後の二〇一九年一月に、引き続き授業を担当させない決定をした。表向きの理由は「授業の担当教員の変更」と説明するが、障害のある山口氏への差別ではないだろうか。

山口氏はこの決定の翌月、障害者雇用促進法に基づいて、岡山短大と協議をするための調停を岡山労働局に申請した。同年一二月、調停は終了したが、その後も山口氏は教職を外されたままで勤務を続けている。

法の趣旨に反した職務変更はどのようにして行われたのか。最高裁判決はなぜ反故にされているのか。問題の経緯を見ていきたい。

†退職勧奨ののち、強引な職務変更

「教員能力が欠如しているとして授業を外されましたが、裁判所は職務変更が無効だと判断してくれました。それなのに、私は授業を担当できないのです。大学に謝ってほしいわけではありません。以前のように教壇に戻してほしい。ただそれだけです」

岡山短大幼児教育学科の准教授である山口氏は、遺伝性の網膜色素変性症を患いながら、岡山大学資源生物科学研究所（現在は資源植物科学研究所）で博士課程を学び、博士号を取得した。

岡山短大には一九九九年に講師として採用された。二〇〇七年に准教授に就任し、自然の中での遊びや、科学遊びなどを通して、幼児の好奇心を引き出しながら教育を実践する科目「環境（保育内容）」を専門にしていた。

当時の山口氏の視力は〇・二ほどだった。網膜色素変性症は視野が徐々に狭くなる病気で、症状には個人差があり、山口氏の場合は症状がゆっくりと進行していた。小学校から高校までずっと普通の学級で過ごしてきた山口氏は、視覚障害があっても研究や授業を進める上で支障はなかった。

しかし、二〇一四年一月、岡山短大は山口氏に対して退職勧奨を始める。

当時、幼児教育学科に在籍していた事務担当の派遣職員が、山口氏の業務の補助をしていた。派遣職員が自ら「手伝えることはありませんか」と声をかけてくれたことから、山口氏は病気が以前よりも進行していたこともあり、書類のレイアウトの調整や、印刷物や手書き文書の読み上げなどを手伝ってもらっていた。

すると岡山短大は、派遣職員の契約が二〇一四年二月に満期を迎えることを理由にして、「今年度で辞めたらどうですか」と言ってきた。次に着任する職員には視覚障害をカバーするための補助作業はさせられないからと、退職勧奨をしてきたのだ。

このときは山口氏が自費で補佐員を雇うことで、退職を回避した。補佐員は週に二、三回、一日五時間ほど出勤し、研究室での補助や、授業での出欠確認などを手伝っていた。

ところが、二〇一六年一月になって岡山短大は、今度は「指導能力が欠如している」と言い始め、山口氏に教職を辞めるように迫った。

山口氏によると、岡山短大が主張した理由は次の二点だった。

一点目は、山口氏がゼミで教えていたある学生が、同じゼミの学生と仲が悪くなり、「ゼミが楽しくない」と他の教員に伝えたことを、山口氏へのクレームとして扱ったことだ。

二点目は、山口氏の授業中に抜け出している学生がいるが、視覚障害があるために注意できないというものだった。

いずれも学生の問題であり、納得できなかった山口氏は、代理人弁護士を通じて話し合いで解決するように求めた。

しかし、岡山短大の態度は頑なだった。視覚障害のために授業中にスマートフォンをいじっている学生を注意できないなど、さらに理由を加えてきた。

岡山短大が特に大きな問題にしたのは、授業中に教室でカップラーメンを食べていた学生がいたにもかかわらず、山口氏が気づかずに注意できなかった、という点だった。

ただ、これらの事案は学生の行動自体に問題があると言える。それなりの分別があってしかるべき学生の問題行動を、目が見えなくて気づかずに注意できないのが悪いと、すべて山口氏に責任を押しつけるのはいかがなものだろうか。

それでも岡山短大は、二〇一六年一月、教職から事務職への職務変更と、研究室からの退室を一方的に通告し、三月以降、山口氏を授業から外した。一七年にわたって授業を担当してきた准教授から、「指導能力がない」と言って仕事を奪ったのだ。

視覚障害がある大学教員は、山口氏が教員を外された二〇一六年の時点では全国で二五人いた。山口氏の問題を受けて教員らは文科省で記者会見し、「視覚障害がある大学教員は不適格などと、私たちは言われたことがない。ナンセンスだ」と岡山短大の態度を批判した。

†職務変更命令は「不法行為」の判決に応じず

教職を外された山口氏は弁護士を通じて復帰を求めたが、岡山短大は応じなかった。非公開で地位保全の仮処分を申し立てて和解の道も探ったが、状況は変わらなかった。

交渉の方法を失った山口氏は、二〇一六年三月に岡山短大を提訴した。

裁判はすべて山口氏の勝訴で終わる。二〇一六年三月に岡山短大を提訴した。一審と控訴審は、山口氏の職務変更と研究室からの退去を無効とし、岡山短大に一一〇万円の支払いを命じた。二〇一八年一一月、最高裁で判決が確定した。

判決では、職務変更が必要だと大学が主張する理由は、補佐員による視覚補助で解決が可能だとして、職務変更は不法行為だと指摘している。

また、山口氏が授業をする権利までは認められないものの、専門分野について学生を指導する利益はあるとして、山口氏に著しい不利益を与える行為だと結論づけた。

この判決を受けて、厚生労働省も動いた。障害者差別解消法とともに、障害者雇用促進法の観点からも「問題が多い状況」と捉えたのだ。

同年一二月、岡山労働局が岡山短大を訪れ、「障害者であることを理由とする差別を禁止」し、「合理的な配慮を当事者と事業主との間で話し合い、必要な措置を講じること」

を定めた法の趣旨を説明した。

ところが、それでも岡山短大は考えを変えていない。二〇一九年一月の教授会で、四月以降も山口氏に授業を担当させない決定をした。

その理由は、山口氏が担当していた専門分野の授業は「別の教員が担当者として適任」であり、その他の一般教育科目については「履修者が少ないために開講しない」というものだった。

つまり、岡山短大は山口氏に担当授業がないのは、あくまで教員の交代と科目の消滅の結果であり、「山口氏を担当教員から外すこと自体が目的ではない」と主張したのだ。

この決定について岡山短大に取材すると「代理人弁護士からお答えする」とノーコメントだった。代理人弁護士は、「授業の担当者は毎年教授会にかけて決定しています。この度の決定は、専ら研究教育実績に基づいて判断したものであり、視覚障害は理由ではありません」と話した。岡山短大としては障害者への差別ではなく、「この問題は解決した」という態度だ。

しかし、出発点は視覚障害がある山口氏への差別だった。職務変更は「不法行為」だと裁判所も認定した。岡山短大は理由をすり替えたにすぎないのではないだろうか。

†岡山労働局による調停も教職復帰は果たせず

最高裁でも勝訴しながら、教職復帰を認めない岡山短大に対して、山口氏は「怒りよりも残念な気持ちを抱いている」と心情を吐露した。

「かつては私が廊下を歩いていて障害物に当たりそうになったら、教職員も学生も声をかけて教えてくれました。しかし今は、廊下でドアにぶつかっても、見て見ぬふりをする人が多くなっています。教育者を養成する大学で、言葉では思いやりが大切と言いながら、視覚障害のある私を差別し、村八分にして、学生は何を学ぶのでしょうか。人間であるから間違うこともあります。その間違いを認めて、乗り越えていければ、大学もよりよく発展できると思うのです。しかし、裁判所に間違いを指摘されながらも、変えることができない大学の態度には悲しいものがあります」

教職に復帰したいと思う一方で、教育者を養成する大学で起きている障害者差別をこのまま見過ごすわけにはいかないと考えた山口氏は、二〇一九年二月、障害者雇用促進法に基づいて、岡山短大と協議をするための調停を岡山労働局に申請した。

しかし、岡山労働局は授業の復帰については「双方の主張の隔たりが大きく、歩み寄りが困難」として、調停案を示すことができなかった。

ただ、授業以外の業務では、岡山短大側が合理的配慮を行うことや、今後定期的に協議することなどを提示した。同年一二月、双方が受諾し、調停は終了した。

その後も山口氏は授業を担当させてもらえずに勤務している。多少の合理的配慮はあるものの、以前のように授業が担当できていないことに変わりはない。

なぜこの問題は解決できなかったのか。最高裁判決を受けて二〇一八年一二月、岡山労働局が岡山短大に法の趣旨を説明したことは前述した。しかし、指導までには至らなかった。

その理由を厚労省に取材すると、厚労省は「裁判になった時点で指導、監督などの行政行為は行うことができない」と説明した。しかし、最高裁で結論が出て、法の趣旨まで説明したにもかかわらず岡山短大が応じないのであれば、指導などもう一歩踏み込んだ対応をするのが、監督官庁としての役割ではないだろうか。

このまま放置するのかとさらに厚労省に聞くと、「岡山短大には判決内容に基づいて、自主的に解決を図るように努めていただきたい」と述べるに留まった。

そもそも障害者差別解消法などの法律がなくても、障害のある人への不合理な差別はあってはならないことだ。法律もできて、最高裁も不法行為と認定していながら、教育をする場である大学は無視し、指導すべき立場の行政は動かない。これでは悪しき前例になる可能性を否定できない。
岡山短大の問題は、今後も問い続けていく必要があるだろう。

3 「五年でクビ」早稲田大学、東京大学の二〇一八年問題

†非常勤教職員の雇い止め「二〇一八年問題」

大学の「二〇一八年問題」の一つである、少子化で一八歳人口が減少に転じることで大学の再編や統合が進む可能性については、この章の冒頭で触れた。もう一つの大学の「二〇一八年問題」が、非常勤講師や職員の大量雇い止め問題だ。

全国の大学の中で、もっとも早く問題が表面化したのは、早稲田大学ではないだろうか。はじまりは二〇一三年三月上旬だった。それまで一年ごとの契約だった有期雇用の労働者について、同じ事業所で五年以上継続して勤務すれば無期雇用権が得られる改正労働契約法が前年に成立し、四月からの施行が迫っていた。この時期に、一部の非常勤講師の間に、ある噂が飛び交いはじめた。

「早稲田大学は非常勤講師との契約を全員五年契約に変えて、五年後に雇い止めしようと

しているようだ」

当時、早稲田大学に籍があった非常勤講師は約三七〇〇人で、実際に教えているのは約二七〇〇人と見られていた。雇い止めの噂が本当であれば、多くの非常勤講師が五年後に職を失うばかりか、大学の教育にも影響が出る。噂を聞いた講師はにわかに信じられなかった。

しかし、噂は本当だった。大学の方針は三月一九日に明らかになった。噂を聞きつけていた首都圏大学非常勤講師組合が申し入れて、団体交渉が開かれた。交渉の席には労働法の専門家である佐藤昭夫名誉教授が、組合をサポートするために同席した。

早稲田大学の当時の総長は鎌田薫氏だった。冒頭、当時の副総長で、やはり労働法を専門とする清水敏氏が次のように説明した。

「今まで存在しなかった就業規程を作成し、二〇一三年四月一日から実施する」

「非常勤講師、客員教員の雇用契約期間の上限を通算五年とする」

「二〇一四年度より、非常勤講師が担当する授業の上限を一週間で四コマとする」

この就業規則が実施されると、五年後の二〇一八年三月には多くの非常勤教員が一斉に雇い止め、つまりクビになる。

加えて、授業の上限が四コマになることも大きな問題だった。

非常勤講師の報酬は、授業のコマ数ごとに支払われる。当時の早稲田大学では、週一回授業を担当して約三万円で、一〇コマ以上担当している非常勤講師もいた。この講師が四コマしか担当できなくなると、単純計算で収入は月三〇万円から一二万円に減少してしまう。生活が崩壊するレベルの不利益変更と言える。

大学は長年授業を支えてきた非常勤講師を、なぜ突然このような形でふるいにかけようとしたのか。

その大きな理由は、この年の四月一日から施行される、前述の改正労働契約法にあったと推測される。

この法改正では、非正規の労働者が増加したことを背景に、労働者を守る新たなルールが定められた。大きなポイントは三点ある。

一点目は、非正規労働者の契約が更新されて五年を越えたときには、労働者から申し入れがあれば、期間の定めがない無期労働契約に転換すること（一八条）。

二点目は、不合理な条件による雇い止めを制限すること（一九条）。

そして三点目は、有期契約労働者と無期契約労働者の労働条件を、不合理に相違させることを禁止する（二〇条）ことだった。

ごく簡潔に言えば「五年以上同じ非正規労働者を同じ職場で雇う場合、無期労働契約にしなさい」ということになる。これまで早稲田大学では非常勤講師は一年契約で、特に問題がない限り七〇歳まで契約更新して働くことができた。

にもかかわらず、契約期間を五年に変更するのは、無期労働契約を結ぶのを阻止したいからではないだろうか。それは改正労働契約法の趣旨に反するもので、脱法行為と言える。疑念を持った非常勤講師らは、新たな就業規則の導入に反対の声を上げた。

†度重なる違法行為が発覚

一方、団体交渉では早稲田大学側の「違法行為」が明らかになる。

第二章の山梨学院大学のケースでも触れたが、労働基準法では、事業所に労働者の過半数で組織する労働組合がない場合、就業規則を作るためには「労働者の過半数を代表する者」の意見を聞かなければならないと定められている。違反すれば三〇万円以下の罰金が科される。

早稲田大学には労働者の過半数で組織する労働組合は存在せず、非常勤講師が教員全体の約六割を占めている。しかし、ほとんどの非常勤講師は今回の決定を知らなかった。

ところが、大学側は「すでに過半数労働者の意見は聞いている」と主張し、非常勤講師らを驚かせた。

大学側の説明は、過半数代表者の候補者七人の名前が書いた文書を二月一四日に非常勤講師の控え室にあるメーリングボックスに配布し、同時に大学のポータルサイトに提示して二月二八日までに回答を求めていた、というものだ。

この期間、大学は入学試験の最中で、非常勤講師は学内に入れない。文書が本当に配布されたのか、サイトに提示されていたのかどうかの確認も取れなかった。

非常勤講師側がこの点を指摘すると、副総長の清水氏は「非常勤講師の就業規程を制定するのに、手続き通りにやろうとしたとき、これは事実上できません」と、違法性を隠さなかった。その上で、問題ないと主張したのだ。

この交渉の後、新たな就業規則を非常勤講師に郵送するなど強引に進めた大学側に対し、佐藤名誉教授と組合は、総長の鎌田氏をはじめとする早稲田大学の理事一八人を労働基準法違反の疑いで東京地検に刑事告発した。

さらに、非常勤講師も鎌田氏らを新宿労働基準監督署に刑事告訴・告発するなど、異例の事態に発展した。

就業規定をめぐる告訴と告発は二〇一三年一二月に不起訴となったものの、翌年の検察審査会では「不起訴不当」と議決された。

さらに、大学側の違法行為が次々と明らかになる。二〇一三年七月には法学部の非常勤講師に、「五年間継続して勤めたら一学期休んでもらう」として、休業期間の希望を聞くアンケートが配られた。

これは「クーリング」と呼ばれる失業期間を設けて、雇用継続の「期待権」をリセットし、無期契約への移行を回避しようと目論んだもので、厚労省が禁止している行為だった。問題を指摘されると大学側はすぐに撤回した。

すると、今後は商学部で二〇一四年度のカリキュラムを変えると称して、非常勤講師の語学授業のコマ数を削減する方針が示された。しかし、代わりの授業を大学の関連会社に所属する講師が行うことがわかると、偽装請負の問題が指摘された。

非常勤講師らは早稲田ユニオンを結成し、一〇〇人以上が集結して、大学側との交渉にあたった。大学側は違法行為を重ねたこともあり、非常勤講師との和解交渉に応じはじめた。

その後、非常勤講師のユニオン加入がとまらず、労働争議がますます拡大する方向が明らかになったことや、外国人講師と日本人講師の間に二重の賃金体系を設定した「国籍差別」も発覚した。「国籍差別」は労働基準法に違反している。

ユニオンがこれらの問題を刑事告訴し、理事が犯罪者になることを大学側が恐れたことなど諸条件が重なり、大学の敗色は明らかになった。

その結果、東京都労働委員会の仲介により、二〇一四年三月以前から勤務していた非常勤講師は無期雇用への転換が認められた。さらに、二五％の賃上げや、すでに雇い止めが始まっていた「日本語非常勤インストラクター」の雇い止めを停止し再雇用するなど、二〇一七年四月までに非常勤講師に有利な和解協定が二度にわたって結ばれ、労働争議は一定の終結を迎えた。

†「東大ルール」は五年でクビ

早稲田大学では非常勤講師の無期雇用転換を阻止するための雇い止めが回避されたが、この時点ではまだ無期雇用への対応を明らかにしていない大学がほとんどだった。

すると、今度は東京大学で約八〇〇〇人の非常勤教職員が雇い止めの危機にあることが、二〇一七年八月に東京大学と職員組合との団体交渉の場で発覚した。

東京大学は改正労働契約法の施行後に、「東大ルール」なるものを作成していた。

非常勤教職員には、フルタイムで勤務する「特定有期雇用教職員」と、いわゆるパートタイムワーカーの「短時間勤務有期雇用教職員」がいる。

「東大ルール」について記載された内部文書を見ると、いずれの教職員も原則五年で雇い止めすることを明記していた。

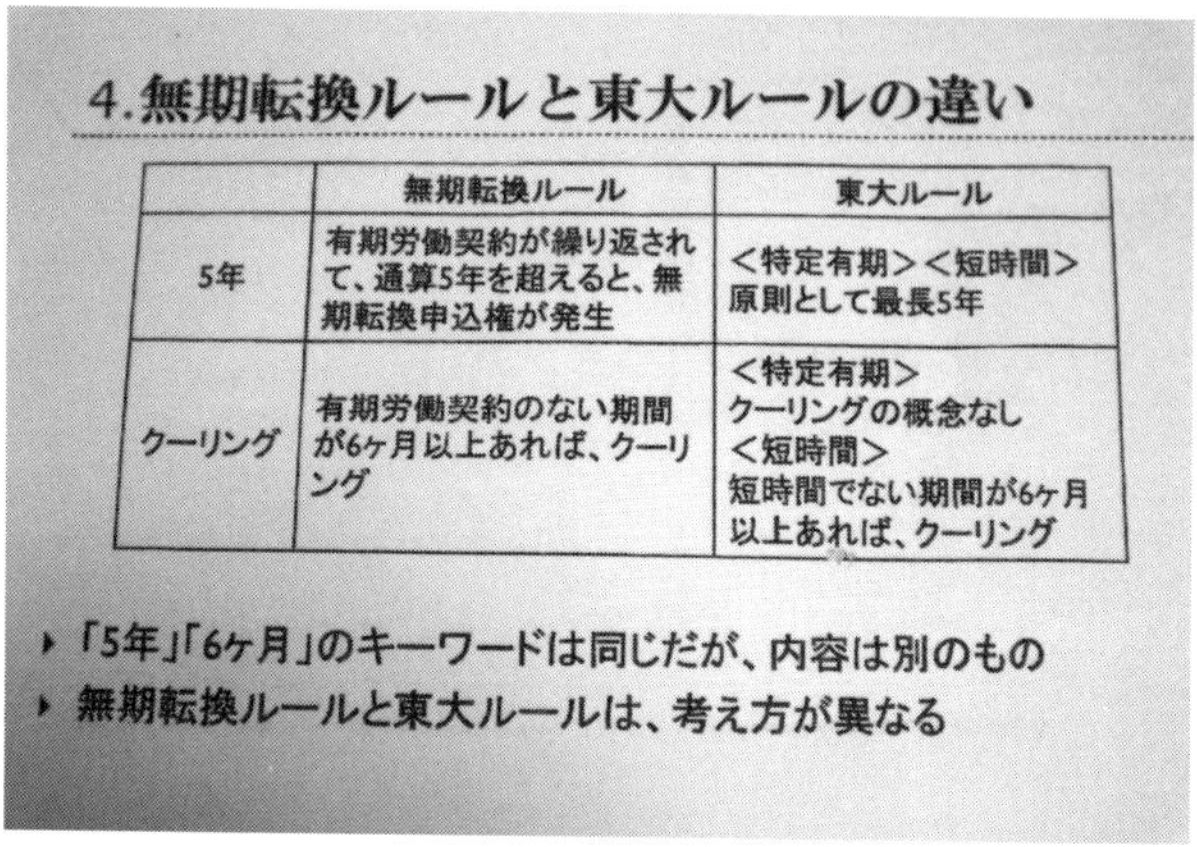

4.無期転換ルールと東大ルールの違い

	無期転換ルール	東大ルール
5年	有期労働契約が繰り返されて、通算5年を超えると、無期転換申込権が発生	<特定有期><短時間> 原則として最長5年
クーリング	有期労働契約のない期間が6ヶ月以上あれば、クーリング	<特定有期> クーリングの概念なし <短時間> 短時間でない期間が6ヶ月以上あれば、クーリング

- 「5年」「6ヶ月」のキーワードは同じだが、内容は別のもの
- 無期転換ルールと東大ルールは、考え方が異なる

「東大ルール」を説明する内部文書

このルールが改正労働契約法の趣旨に反することは早稲田大学のケースで見た通りだ。ところが、文書にはわざわざ「無期転換ルールと東大ルールは、考え方が異なる」と記載し、改正労働契約法は関係ないといった態度を見せている。

さらに、五年勤務したパート教職員は六カ月のクーリングをすれば再度勤務できるといった脱法行為も記載していた。

すでに早稲田大学のケースで、無期雇用を阻止する雇い止めが問題であることは明らかになっていたはずだが、大学側は雇い止めを強行する姿勢を崩さなかった。

一方で大学側は、二〇一八年四月からは「職域限定雇用職員」というフルタイムで定年まで働ける新たな非正規教職員制度を作ると説明した。

これは予算の裏付けがある部署に限って導入するもので、試験に合格する必要もある。雇い止めされる教職員全員の受け皿になるものではなかった。

こうした大学側の態度に、雇い止めされる当事者だけでなく、専任教職員の組合である東京大学職員組合も強く反発した。

しかし大学側は、「この提案は決して法律の趣旨には矛盾していない」と言い張り、「東京大学の業務の特性上致し方ない。部局ごとの事情もあり、統一した対応は困難」と主張し、両者の主張は平行線をたどった。

†違法な就業規則作成と女性差別

この問題が解決したのは、雇い止めが三カ月後に迫った二〇一七年一二月だった。

「東大ルール」も就業規則である。作成や変更の際には「労働者の過半数の意見を聞かなければならない」と労働基準法で定められているのは、何度も触れた通りだ。

早稲田大学の場合は実態がなかったものの、大学側は過半数代表者の候補者の選挙を実施したと主張した。偽装と言ってもいいかもしれない。

しかし、東京大学の場合は「東大ルール」を作成する際、過半数代表者を選ぶ選挙を実施するにあたって、非常勤教職員を排除していた。正しい手続きが取られていなかったのは明らかだった。

実は、東京大学と同じことをして、労働基準監督署から是正勧告と指導を受けた国立大学法人がある。それは一橋大学だ。

一橋大学は二〇〇四年の国立大学法人化以降、就業規則などを作る際、非常勤職員を排除して過半数代表者選挙をしていた。これを問題視した中央労働基準監督署と立川労働基準監督署は二〇一三年三月、「臨検監督」と言われる調査を実施した。

調査の結果、労使協定の締結や就業規則の作成の手続きが違法だったことが認定され、是正勧告と指導が行われた。その結果、二〇一二年に一方的に実施された賃金の引き下げや、休日時間外労使協定の三六協定が無効になったのだ。東京大学も教職員が労基署に訴えれば、同じ調査を受ける可能性があった。

また、東京大学の雇い止めは別の問題もはらんでいた。それは女性への差別だ。東京大学のパート教職員のうち、約八割を女性が占めている。彼女たちの無期雇用への転換を認めない場合、女性の雇用を軽視していると国際社会から非難を受ける可能性が指摘されていた。

というのも、東京大学がイギリスの教育専門誌「THE（Times Higher Education）」による世界大学ランキングで順位が低迷しているのは、海外に比べて女性の教員が少ないことが理由の一つとして指摘されていたのだ。

二〇一七年のランキングでは前年の三九位から四六位に順位を下げた。パート教職員を雇い止めにすれば、さらに評価を下げることは間違いないだろうと見られていた。

団体交渉の席で職員組合側は、女性差別の疑いがあると強く主張し、労務担当の理事に「東大を貶めて、あなたは責任が取れるのか」と迫った。すると理事は黙り込んでしまったという。

職員組合は労働委員会に不当労働行為救済の申し立てを行うことと、労働基準法違反の疑いで労基署に刑事告訴と刑事告発をする考えも伝えて交渉した結果、ついに大学側は折れた。雇い止めは撤回されて、「東大ルール」は就業規則から削除されることになった。

早稲田大学と東京大学で無期雇用への転換を阻止する雇い止めが撤回されたことは、他大学で働く非常勤教職員にとっても大きな影響を及ぼした。

首都圏の多くの大学は二〇一八年春までに、五年以上勤務している非常勤教職員の無期雇用を認めた。

しかし、数は多くないものの、五年で無期雇用を認めなかった大学も存在した。さらに、改正労働契約法をめぐり、新たな問題が噴出する。

4 「一〇年でクビ」研究者の二〇二三年問題

†改正労働契約法の特例が審議不足のまま成立

参議院本会議で二〇一三年一二月一〇日、議員立法として提案されたある法案が可決され、成立した。

その法律は「研究開発システムの改革の推進等による研究開発能力の強化及び研究開発等の効率的推進等に関する法律及び大学の教員等の任期に関する法律の一部を改正する法律」。

非常に長い名前だが、わかりやすく言うと、大学や研究開発法人で働く有期雇用の研究者や教員については、無期転換申し込み権が発生するまでの期間を、労働契約法で定められている五年から一〇年とする特例を定めたものだ。

この法律はその後、研究者については「科学技術・イノベーション活性化法」、大学教員などについてはいわゆる「任期法」と一般的には区別されている。

「科学技術・イノベーション活性化法」ができた発端は、この年の二月、当時京都大学i

PS細胞研究所所長だった山中伸弥氏が、衆参議員の奉祝行事で講話をした際の発言だった。

二カ月後の四月には、改正労働契約法の施行が控えていた。そのタイミングで山中氏は、研究者を非常勤で五年間雇用した後、無期で雇用しなければならなくなると、大学としては五年を超えて雇用することが難しいといった趣旨を述べた。

つまり、無期転換権が発生するまでの期間を延ばしてほしいと「提言」した。そうでなければ優秀な人材が集まらなくなるというのだ。

しかし、優秀な人材が必要なら、無期雇用や正規採用をすればいいはずだ。雇用を守るはずの法律なのに、「五年を超えて雇用することが難しい」から一〇年まで非常勤で雇える特例を設けることには違和感がある。

この山中氏の「提言」をきっかけに大学側からも要望が出て、大学や研究開発法人で働く有期雇用の研究者は一〇年以上勤務することで無期転換権が得られる特例が、この年の一二月の国会で政権与党による議員立法により提案された。

特例が適用されるケースは限られる。専門的な知識や能力を必要とする研究開発業務に携わる人が対象で、一般の非常勤講師は対象にならない。

一方、「任期法」は私立大学の経営者団体の要請を受けて改正された。もともと専任の教員が対象だった特例を、非常勤講師にまで広げた。この法律でも、対象になる人は助教や特定のプロジェクトに参加する人に限られ、さらに本人の明確な同意が必要になる。

ただ、「科学技術・イノベーション活性化法」も「任期法」も、本来であれば五年以上働くことで得られたはずの無期転換権を剝奪することに変わりはない。

それだけに慎重な議論が必要なはずの法案だったが、このときの国会は与党による特定秘密保護法の強行採決をめぐって紛糾していた。

その影響を受けて、衆議院を通過したあと、参議院の文教科学委員会でこの特例が審議されたのはわずか一日だけだった。提案した与党からの説明は尽くされたと言えず、野党第一党だった当時の民主党が与党の議会運営に反発して委員会を欠席するなど、十分な審議が行われないまま可決されたのだ。

改正労働契約法が施行されたのが四月で、特例が成立したのが同年一二月と、わずか八カ月で「抜け道」ができたことになる。特例は翌年、二〇一四年四月に施行され、二〇一三年四月にさかのぼって適用された。

†改正労働契約法も特例も無視する東北大学

二〇一八年春までに非常勤教職員を五年で雇い止めしようとしていた大学の多くが、無期転換権を認める方向に動いたことは先に触れた。

ところが、五年以上働いてきた人たちの無期転換権を認めずに、大量の雇い止めを強行した大学がある。それは、第三章でハラスメントが横行する大学として取り上げた東北大学だ。

東北大学は二〇一八年三月に、非正規の准職員と時間雇用職員三一五人を雇い止めした。その後も毎年数十人が無期転換権を得られる直前に雇い止めされている。

この雇い止めが「無期転換逃れ」を目的にしていることは、その経緯から明らかだった。大学は二〇一四年三月に就業規則を改正し、非正規職員の労働契約期間の上限を原則五年以内として、二〇一三年四月一日にさかのぼって適用したのだ。

正規の教職員の組合である東北大学職員組合は、非正規職員からの相談を受けて、大学側と交渉にあたっていた。

しかし、二〇一七年一月になって大学が「原則五年以内」を「例外なく五年まで」と解釈変更し、無期転換を一切行わない方針を示したことで、全面的に争うことになった。

二〇一八年二月、雇い止めの対象となった職員のうち六人が地位確認と雇い止め撤回を求める労働審判を起こすと、職員組合は宮城県労働委員会に不当労働行為の救済を求める申し立てを行った。

また、当事者の一人が雇い止めは違法かつ無効として仮処分申請を申し立てたが、こちらはのちに取り下げている。

労働委員会への申し立てについては、二〇一九年一一月に不当労働行為が認定される。大学側はこれを不服として中央労働委員会に再審査を申し立てたものの、二〇二〇年九月に和解した。

一方、労働審判では裁判所からあっせん案が示されたが大学側が拒否して、仙台地方裁判所での裁判に移行した。非正規の職員にとって、裁判で戦い続けるのはハードルが高い。結局六人のうち男性一人だけが二〇一八年四月に提訴した。

この裁判の一審判決は、二〇二二年六月に出た。裁判所は「労働者の権利を不当に制限するものとはいえない」などとして男性の訴えを却下した。男性は判決を不服として控訴し、大学との法廷闘争を続けている。

東北大学ではこの判決が出た時期に、新たな大量雇い止めが起きる可能性が出ていた。それは「科学技術・イノベーション活性化法」の対象となる教職員だった。

†「限定正職員」に合格しても解雇される

東北大学では五年で無期転換権が得られるはずだった職員に続いて、今度は一〇年かけて無期転換権が得られるはずだった研究職の教職員が、直前に雇い止めされる可能性が高まっている。

職員組合によると、二〇二三年三月末に一〇年を迎える対象者は二三九人いると見られる。内訳は常勤の教職員が九七人と、学術研究員、寄付講座教員、技術補佐員などの非常勤職員が一四二人となっている。本稿を執筆している二〇二二年一一月時点で、東北大学は無期転換権を認める方針を示していない。

二〇一八年から起きている雇い止めとは異なる点もある。これまでの対象者は職員だったが、今度は若手研究者と教員も対象になっていることだ。

特に若い研究者の場合、大学に対して異を唱えにくい状況がある。雇い止め問題で長年大学側と対峙してきた、職員組合執行委員長の片山知史氏は次のように懸念する。

「二〇一八年に雇い止めされた職員は長く勤務してきた方が多く、何とかしてほしいと多くの人が職員組合に駆け込んできました。それが、今回対象になっている研究者のみなさんは、ほとんど自ら声を上げていません。三〇代の方が多く、裁判などを起こした場合、研究職は狭い世界ですので噂が広がって、次の就職にも影響が出ると考えているのではないでしょうか」

一方で、別の形で雇用されるのではないかと期待して、声を上げていない可能性もある。

というのは、非正規職員については五年の上限を迎えるまでに試験を受けて合格すれば、限定正職員として採用される制度ができているからだ。

限定正職員は、業務限定（一般）と、業務限定（特殊）、それに目的限定と三つの業種に分かれている。試験は二〇一七年八月に初めて実施された。八二一人が受験し、合格者は六九〇人、不合格者は一三一人だった。

ところが、受験できなかった職員が多数存在することがわかっている。五年を迎える非正規職員は、実際には一一四〇人いた。大学は三割近い職員をあらかじめ切り捨ててから選考していたのだ。

しかも、のちに新たな問題が浮上する。限定正職員の合格者のうち、六割を占めたのが目的限定の業種だった。

目的限定の場合、プロジェクトが終了したり、教授が退職したりすると、業務が終了となって、職員が解雇されることがわかった。正職員といいながら、実は事実上の有期雇用だった。

実際に、二〇一八年度末に一五人、二〇一九年度末には一一人が解雇された。わずか一年や二年で解雇されているのだ。

試験に受かって採用される際に、大学からは業務が終了するまでの雇用だと通知される。

その際、何年何月までと期間を定めていないので「無期雇用にあたる」と大学は職員組合に説明している、と片山氏は明かす。

「雇用される側からすれば、業務が終了するまでという条件は飲まざるを得ないですよね。承諾しないと雇ってもらえないわけですから。その気にさせておきながら、来年で終わりですよと突然告げて解雇していく。これが東北大学のやっていることです」

限定正職員制度を使った解雇も、脱法行為ではないかと職員組合では指摘している。二〇二三年で一〇年を迎える研究者に対しても同様の制度ができる可能性もあるが、法律の趣旨に則って研究者の無期雇用を認めればいいだけではないだろうか。

†全国に広がる可能性がある二〇二三年問題

科学技術・イノベーション活性化法の対象者は、全国の大学や研究機関にいる。二〇二三年三月末に一〇年を迎える研究者らの人数の一部が、二〇二二年五月に明らかになった。参議院内閣委員会で、雇い止めをやめさせるよう求めた日本共産党の田村智子氏の質問に対し、文科省が回答した内容は次の通りだ。

国立大学法人で契約期間が通算一〇年となる非常勤職員は三〇九九人で、そのうち一六七二人が上限一〇年の労働契約を結んでいる。

三〇九九人の内訳は、東京大学が五八八人、東北大学が二七五人、名古屋大学が二〇六人となっている。

ただ、東北大学以外は無期転換権を認めるのか否かの方針を示していないので、どうなるのかはこの時点では不明だ。東北大学に関してはこの数よりも増える可能性もある。

一方、研究開発法人や試験研究機関など一三機関では、一三九〇人が通算一〇年を迎え、そのうち九二二人が上限一〇年以内とされている。

実際に雇い止めされる可能性がある人数が示されたことで、二〇二三年問題の存在が明白になったのだ。

国立研究開発法人ですでに雇い止めの方針を打ち出していたのが、理化学研究所だ。理化学研究所は文科省が所管する科学技術全般を対象にした国内唯一の総合研究所で、埼玉県和光市に本部を置くほか、全国各地に事業所がある。

対象になっているのは約四八〇〇人の職員のうち、約八割を占める任期制の職員だ。

二〇二二年一一月の時点で、二〇二三年三月末に雇い止めされるのは研究職の約二〇〇人と判明している。対象者はもっといたのだが、雇い止めの方針が示されて以降、研究所を去った人がこの時点で一〇〇人近くいた。

さらに、雇い止めされるのがチームリーダーの場合、そのチーム自体が閉鎖され、スタッフも雇い止めされることから、さらに二〇〇人近くが雇い止めされる見通しだ。

理化学研究所は二〇一八年三月以降、職員を雇い止めする方針だったが、職員組合などからの強い反発を受けて撤回した。しかし、研究職については雇い止めを強行する構えを崩していない。

二〇二二年七月には、六二歳の男性一人が訴訟を起こした。地位の確認と賃金の支払いに加えて、研究室の備品などを整理するよう求められていることで研究を妨害されているとして慰謝料の支払いを求めている。さらに一一月には、二人が新たに提訴した。

最初に提訴した男性は、「研究者の雇用が不安定になることで、若手の研究者が減り、日本の科学技術力が低下するのは目に見えている」と大量雇い止めに警鐘を鳴らす。

そのうえで「厚労省や文科省にも雇い止めをやめさせるよう申し入れをしているが、行政が動かないので、個人として訴訟をせざるを得ない。違法性を明らかにして雇い止めを阻止したい」と述べている。

ただ、理化学研究所でも東北大学と同様に、自ら声を上げる研究者は少ない。当事者を支援している理化学研究所の労働組合では、東京都労働委員会に不当労働行為の救済申し立てを行っている。

また二〇二三年問題では、私立大学ですでに裁判も起きている。

東海大学静岡キャンパスで、非常勤講師が時限ストライキを行う様子（2022 年 12 月撮影）

専修大学は、英語の非常勤講師が科学技術・イノベーション活性化法の対象になると主張し、五年での無期雇用を拒否した。

　これに対して非常勤講師が提訴する。東京地裁は二〇二一年一二月、原告は科学技術・イノベーション活性化法が対象にした研究者には当たらないと判断し、原告の地位確認を認める判決を出した。二〇二二年七月には控訴審でも非常勤講師側が勝訴していて、専修大学は不服として上告している。

　慶應義塾大学は、五年での無期転換は認めず、任期法に基づいて一〇年経てば無期転換を認めると主張してきた。ところが、通算八年勤務していた非常勤講師が二〇二二年三月末で雇い止めされたことから、五年で無期転換できる権利を有する地位の確認などを求めて二〇二二年五月に提訴した。

東海大学では、科学技術・イノベーション活性化法と任期法を理由に、多くの非常勤講師が二〇二三年三月末での雇い止めを通告されている。二〇二二年一一月に八人が提訴し、さらに数人が提訴する見通しだ。集団訴訟に加えて、同年一二月には東海大学教職員組合が、雇い止めの撤回を求めて授業の時限ストライキを決行した。

さらに国立大学では、大阪大学が二つの法律とは関係なく、独自のルールで非常勤講師の雇用上限を一〇年と定めている。二〇二三年三月末には、外国語学部の非常勤講師八〇人を雇い止めする方針だ。雇い止めの当事者らが加盟する関西圏大学非常勤講師組合が強く反発している。

繰り返すが、改正労働契約法で定める五年も、科学技術・イノベーション活性化法や任期法で定める一〇年も、非正規の労働者に無期転換権が発生する年数であり、本来は雇用を守るための法律だ。五年や一〇年での雇い止めが法の趣旨に逆行しているのは明らかだ。

東北大学職員組合の片山氏は、問題の本質を次のように指摘する。

「社会の規範を示すのが大学のはずです。にもかかわらず、東北大学は先頭になってパート職員を五年で雇い止めしました。今度は研究者を一〇年で雇い止めしようとしています。こんなことが日本の社会で常態化しようとしているのです。問題の本質は、労働者の使い捨てです。物品を取り替えるのと同じように、期限がきたからと言って労働者を取り替える。しかし、労働者には生活があります。非正規で働く人たちが消耗品のように扱われる状況を、変えていくべきではないでしょうか」

改正労働契約法やその特例をめぐる雇い止めは、一部の大学や研究機関で顕在化しているだけで、他の大学でも、さらには企業でも起きている可能性が高い。

文科省は二〇二二年一一月七日、国立大学法人や研究開発法人などの長に対して、「無期転換ルールの円滑な運用について」と題した依頼文を出した。「無期転換ルールの運用を意図的に避けることを目的として、無期転換申込権が発生する前に雇止めや契約期間中の解雇等を行うことは、労働契約法の趣旨に照らして望ましいものではない」として、無期転換ルールの適切な運用を求めた。この依頼で歯止めがかかるのかは、本書を執筆した時点では見通せていない。

5　大学で広がる教職員の「使い捨て」

†労働法制を無視する大学執行部

大学で起きている雇用問題について取材していると、解雇や雇い止めを強行する大学執行部や理事会が、労働基準法などの労働法制を無視しているケースが多い。

法律を少し調べれば、簡単に解雇できないことは理解できるはずだ。それでも強行に解雇に踏み切っているのは、悪い言い方をすれば、たとえ裁判に訴えられても最高裁で勝利して雇用者側に有利な判例ができればもうけものだ、くらいに考えているのではないだろうか。

というのも、解雇された教員らが大学を訴えることで法廷闘争に発展した複数のケースを見てみると、大学側の代理人弁護士の事務所が重なっている大学があるからだ。また、第三章で触れた追手門学院や梅光学院のように、同じコンサルティング企業の会員になっているケースもある。

しかし、学校法人としての社会的責任を果たすべき立場にあることを考えれば、乱暴な雇用破壊は許されるべきものではないはずだ。

この章で触れた非正規教職員を対象にした改正労働契約法や、科学技術・イノベーション活性化法、任期法をめぐる大量雇い止め問題にいたっては、有期雇用の教職員の雇用を安定させる法律なのに、法の趣旨を守るのではなく、解雇や雇い止めという逆の行為に走っている。

なぜこんなことが起きているのだろうか。非正規教職員の大量雇い止めが問題になっている国立大学の人事担当者は、文科省からの現役出向者であることが多い。この現役出向がマイナスに働いている可能性もある。

二〇一三年四月に施行された改正労働契約法は、国家公務員及び地方公務員については「適用しない」とされている。つまり、省庁など行政で働く臨時や非常勤の職員は、無期雇用転換権を得ることなく、雇い止めされているのだ。

しかし、国立大学の教職員は法人化によって非公務員化されている。にもかかわらず、大学でも省庁と同じ感覚で雇い止めをして、違和感を感じていないのではないかと疑わざるを得ないケースもある。それが本当だとしたら、あきれるばかりだ。

私立大学の多くは、教職員からの相談を受けて各大学と交渉した首都圏大学非常勤講師組合などの活動によって、非常勤教職員の五年での無期雇用転換を認めている。法律を守る大学と守らない大学を同等に扱う監督官庁の姿勢には首を傾げる。

†不条理な解雇・雇い止めにどう対抗するか

本書では第四章に限らず、大学の教職員が自らの雇用を守るために、大学側と法廷闘争をしたケースを多く取材している。しかし、個人で訴訟を起こしてまで闘うのはハードルが高い。弁護士費用もかかる。実名を公表して、記者会見などをすることに抵抗がある人も多いだろう。

不条理な雇い止めに直面した場合にどうすればいいのか、いちジャーナリストである筆者は答えを持っていない。ただ、取材をしてきた経験から、闘うことができているケースを紹介したい。

まず、労働組合を通じて闘うことだ。労働組合は法律によって規定されている。労働組合法は労働者が使用者との交渉において、対等の立場に立つことを促進し、労働者の地位の向上を図ることを目的にしている。大学執行部側と団体交渉を行うこともできるし、大学側が交渉に応じなければ、各都道府県の労働委員会に不当労働行為の救済申し立てができる。上部団体があれば、協力を得ることも可能だ。

私立大学には労働組合がない大学も多い。奈良学園大学は大量解雇が明らかになったことで、教授らが組合を結成した。裁判もやむなしの状況であれば、団体交渉で弁護士に同席してもらうことも一つの方法だ。

また、大学関係者同士の横の連携も当事者にとっては大きな支えになる。奈良学園大学の教授らが裁判を起こした際、様々な大学の教員や労働組合などが支援に名乗りをあげた。

†非常勤教職員でも交渉する方法はある

非常勤教職員の場合は、ややアプローチが異なる。大学内に組合があっても専任の教職員で構成する組合がほとんどだ。東京大学の大量雇い止め危機は、専任の職員組合が一緒に交渉し、解決できた。東北大学の場合は大量雇い止めが強行されてしまったが、問題解決に向けて専任の職員組合が積極的に支援している。

これらは専任教員の組合が非正規の教職員にとって「駆け込み寺」になっているケースだが、同様のことができる組合はそれほど多くないかもしれない。

早稲田大学の非常勤講師の場合は、非常勤講師がユニオンを結成した。非常勤の教職員であっても、組合を作り、大学と交渉することは可能だ。所属している大学を超えて、雇用問題に苦しむ非常勤教職員を支援する組合もある。

以前の日本では、組合は大学なら専任教職員、民間企業であれば正社員だけで構成してきた。しかし、二〇〇〇年代以降非正規労働者が急増したことで、正職員の組合は組織率が低下した。一方で、非正規の人たちは交渉する術を持たなかった。

あまり知られていないかもしれないが、労働組合は二人以上の労働者が集まれば、いつでも自由に作ることができる。日本は世界的に見ても労働組合を作りやすい国だ。労働問題の解決を図るうえで、労働組合が果たすことができる役割は少なくない。

法廷闘争には費用だけでなく、長い時間がかかる。労働問題やハラスメントなどのトラブルに関しても、裁判にならずに交渉によって解決できたほうが、ただでさえ苦しい思いをしている当事者にとっては、少しでも負担の緩和になるのではないだろうか。

†個人で雇い止めに対抗するには

一方で、大学側と一人で対抗することを余儀なくされて、近くに頼るべき組合や組織などが見つからない場合はどうすればいいのか。

緊急を要する場合はできるだけ早く専門家である弁護士に相談することがまず考えられる。弁護士に相談することで、大学側の不条理な行為が法的にどのような問題があるのかを整理できる。

相談窓口としては労働局や労働基準監督署もあるが、問題点を指摘して、当事者間での自主的な解決を促すにとどまる。行政で解決できない場合は、弁護士と相談して裁判や労働審判を起こすことになる。

また、最近は裁判以外にも公的な紛争処理システムが発達してきている。その一つが裁判外紛争処理制度（ADR）だ。この制度を利用することで、裁判よりも簡単かつ迅速に、安価な費用で紛争を解決できる可能性もある。

雑誌や新聞、テレビ局などに情報を提供して、報道されることを考える人も少なくないだろう。大学で起きている問題について記事を書いている筆者の元にも、苦しんでいる方々からの相談が多く寄せられる。報道機関に情報を提供する場合には、報道された後の動き方も含めて、組合か、もしくは弁護士に相談したうえで進めたほうがいいのではないかと感じている。

非常勤教職員の雇い止めは、今後も続いていくだろう。国公立私立に限らず、今後一八歳人口が減少して厳しい経営環境が予想される大学では、専任の教員を削減して、非常勤講師を増やしているところも多い。非常勤講師を自分たちの都合で雇い止めし、増やしたり、減らしたりと、調整に利用することを考えている大学執行部も現実に存在する。

社会の規範を示すべき大学が、法律の趣旨に背いて雇用を崩壊させていることに対しては、何らかの歯止めが必要だ。

第五章

大学に巣食う天下り

1　文科省職員の「現役出向」と「天下り」

†文科省の違法な天下りあっせんで大量処分

文科省が違法な天下りのあっせんを組織的に行っている――内閣府の再就職等監視委員会は二〇一七年一月、文科省の違法な天下りについての調査結果を明らかにした。この調査がきっかけとなり、最終的には四三人もの文科省職員が処分される大きな問題へと広がった。その主な天下り先が大学だった。

発端となったのは、大学政策を担当する高等教育局の局長を二〇一五年八月まで務め退職した吉田大輔氏が、同年一〇月に早稲田大学の任期付きの教授に就任したことだった。

監視委員会が再就職までの期間の短さを不審に思い、大学側にメールを提出させたところ、文科省の人事課が吉田氏の履歴書を早稲田大学に送るなど、省として組織的に関与した疑いが強まった。さらに再就職のあっせんが疑われる事例が他にも三〇件前後見つかった。

監視委員会の調査に対し、文科省の人事課職員が隠蔽行為をしていたことも発覚する。

早稲田大学に対して、関係ない文科省OBを介して再就職したように装う虚偽の想定問答を渡していたのだ。

早稲田大学人事課は、最初の事情聴取ではこの想定問答に沿って回答していた。しかし、二回目以降は事実を供述したことで、詳細が明らかになった。

国家公務員法では二〇〇八年の改正によって、再就職については在職中の求職活動や省庁のあっせんを禁じている。当時の事務次官だった前川喜平氏は、国家公務員法違反と認定され即刻辞任に追い込まれた。

さらに、文科省の幹部も含めた組織的な関与とともに、天下りを仲介していた中心人物として、文科省人事課OBの存在が明らかになる。それは第二章の札幌国際大学の問題で名前が出た嶋貫和男氏だ。

法改正が行われた二〇〇八年以降、嶋貫氏を介したあっせんの仕組みが運用されていた。嶋貫氏は二〇〇九年七月、文科省を退職した翌日に、文科省OBが役員を務める教職員生涯福祉財団に再就職する。この財団で業務の傍ら、天下りのあっせんをしていた。

このあっせんが財団の内部で問題視されると、嶋貫氏は文科省とあっせん作業をする拠点を新たに確保しようと動く。嶋貫氏は二〇一四年に文教フォーラムを設立し、文科省OBが役員の多くを占める文教協会から事務所の家賃負担や職員出向などの支援を受けていた。

こうした組織的な違法行為によって、早稲田大学、慶應義塾大学、上智大学など数多くの私立大学のほか、筑波大学などの国立大学、企業、法人に対して再就職のあっせんが行われた。

同年三月の最終報告によると、文科省職員が国家公務員法に違反したのは六二件で、処分された人数は過去最多の四三人にのぼった。

当時事務次官だった戸谷一夫氏が文書厳重注意となったほか、元事務次官四人も訓告相当か文書厳重注意相当とされるなど、前代未聞の大量処分となった。

†文科省から国立大学への「現役出向」

しかし、問題になったのは、私立大学を中心とした天下りだけではない。国立大学への現役出向の実態も明らかになった。

多くの文科省職員が現役のまま出向しているのに加え、中には役員である理事や副学長などに就任してそのまま大学に残ることで、事実上の天下りをしている職員も少なくない。

驚くのはその人数だ。二〇一七年一月一日の時点で、全国八三の大学の幹部ポストに、合計二四一人が出向していた。この数は、文科省の職員全体の一割以上を占める。そのうち七五人が役員にあたる理事に就任していたほか、それ以外の職員も事務局長や学務部長、人事課長や主計課長などの要職に就いていた。幹部以外も含めると、出向者は全体で二七六人にのぼる。

大学別に見ると、もっとも多く受け入れているのが東京大学と千葉大学の一〇人だった。筑波大学と九州大学が七人で続く。旧帝国大学は全体的に出向者が多い。

これだけ多くの現役出向が大学職員の幹部を占めていることで、各大学の自主性を失わせているのではないかと懸念されている。もっと言えば、大学の自治の否定にもつながるおそれがある。

その理由の一つは、主要管理職ポストを出向者が占める構図は、国立大学が文科省の内部組織だったときの慣行を引きずっているからだ。

国立大学は二〇〇四年に法人化されたにもかかわらず、実態が不透明にされたなかで、管理職ポストは依然として文科省の出向者の既得権益になっている。出向者の多くはノンキャリアの官僚であり、彼らは各大学の課長や部長ポストを渡り歩く。うがった見方をすれば、文科省にはポストが不足していて、国立大学がなければ現在の職員規模を維持できないのかもしれない。

もう一つは、文科省が各大学に運営費交付金を配分している立場にあることだ。法人化によって入学検定料や入学金、授業料などは各大学の自己収入となった。しかし、私立大学よりも授業料の金額が低く、定員も少ないので、自己収入だけでは運営経費は賄えない。そこで配分されているのが運営費交付金だ。各国立大学の総収入に占める運営費交付金の割合は四割から六割程度で、年間一兆円を超えている。依然として予算を文科省が握っているのだ。

この運営費交付金が法人化以降、一〇年間にわたって毎年一％ずつ減額されてきたことは第一章で触れた。さらに二〇一六年以降は、文科省の裁量で各大学の運営費交付金の増額、減額に差がつけられるようになった。文科省からの出向者の権力は、ますます強まっていると言えるのではないだろうか。

現役出向は与野党から問題視されたが、文科省は次のように反論している。

「職員の国立大学への出向は、同省における業務を通じて得た知見を学長の意向に沿って大学改革や機能強化に役立てることができる一方、国立大学法人での業務を経験することにより現場感覚を養い、その後の同省での業務に反映することができると考えている」

現在も現役出向は続けられている。出向して理事や副学長を務めた文科省OBは、国立大学を退任したあと、私立大学に請われて天下りしていく。私立大学には補助金が国から支出されているほか、大学や新学部の設置申請などもあり、天下り職員は文科省とのやりとりで役に立つのではないかと期待されている。その期待自体が不健全と言える。

こうして、文科省から大学へ多くの天下りが生まれている。古いデータだが、衆議院調査局が行った二〇〇九年の「国家公務員の再就職状況に関する予備的調査についての報告書」によると、文科省は天下り中のＯＢが二九八〇人もいた。

†汚職事件も起きた文科省

二〇一七年に天下りあっせん問題が発覚したあとも、文科省では不祥事が続いている。翌二〇一八年には、当時科学技術・学術政策局長の佐野太氏が、国の「私立大学研究ブランディング事業」をめぐり、東京医科大学から有利な取り計らいを頼まれた見返りに、子どもの大学入試で加点をしてもらった受託収賄の疑いで東京地検特捜部に逮捕され、起訴された。

佐野氏は私立大学を運営する学校法人の調査などを担当する部署を経験し、中枢ポストに就いていた人物で、天下りあっせん問題のときには監督責任を問われて文書厳重注意を受けていた。

二〇二二年七月、東京地裁は佐野氏に対し、懲役二年六カ月、執行猶予五年の有罪判決を言い渡した。一審で無罪を主張していた佐野氏は、判決を不服として控訴している。

しかし、この事件はさらに広がりを見せる。佐野氏への贈賄罪で起訴された医療コンサル会社元役員の谷口浩司氏から、谷口氏の会社に宇宙航空研究開発機構（ＪＡＸＡ）の飛行士を派遣するなどの便宜を図った見返りに接待を受けたとして、国際統括官を務めた川端和明氏も収賄罪で起訴される。二〇一九年一二月に懲役一年六カ月、執行猶予三年の有罪判決を受けた。谷口氏は有罪を受けて同月失職したが、翌月には東京に本社がある宇宙関連会社の非常勤顧問に再就職したことも問題視された。

谷口氏から不適切な高額接待を受けていた職員は他にもいた。しかも幹部だった。いずれも当時の役職で事務次官の戸谷一夫氏、初等中等教育局長の高橋道和氏、高等教育局長の義本博司氏の三人が減給処分、総務課長の柿田恭良氏が訓告処分を受けた。接待には現職や元職の国会議員も参加していたという。

この事件を受けて事務次官の戸谷氏は辞職した。文科省トップが二代続けて不祥事で辞職する異常事態となった。ちなみに義本氏は、このときに処分を受けたにもかかわらず、二〇二一年九月に事務次官に就任した。

事件の余波はまだある。事件の舞台となった東京医科大学で女子受験生の点数を減点するなどの差別が明らかになり、文科省は合わせて一〇大学で女子や浪人の受験生を不当に扱った不適切な入試があったと指摘した。

違法な天下りのあっせんから汚職事件まで、社会問題にまで発展した不祥事を起こしてきた文科省だが、私立大学の理事長や学長、国立大学の理事や経営協議会委員など、現在も数え切れないほど多くの天下りが存在する。さらに、依然として各国立大学の重要な部署の管理職には文科省からの出向者が占めているのだ。

多くの天下りが全国の大学にいる。その中で、天下りが大学運営の中枢も担い、運営上の問題やトラブルが起きている大学もある。この章では、文科省事務次官経験者の大学への天下りについて検証するとともに、天下りがトップに立つ、もしくは運営の中心を担うことで変質してしまった大学について触れてみたい。

2 文科省事務次官の「天下り」と大学

†国家公務員法改正前の事務次官たち

文科省、もしくはその前の文部省の時代から、事務方の長である事務次官は、多額の補助金が流れている関連組織に天下っていた。

再就職について在職中の求職活動や省庁のあっせんを禁じた国家公務員法が改正された

のは、前述の通り二〇〇八年だった。それまでは、特にとがめられることもなく天下っていたと考えられる。改正前の事務次官たちの主な天下り先は以下の通りだ。

文部省の事務次官ＯＢが多く天下っていたのは、放送大学学園の理事長ポストだった。放送大学学園は国の生涯学習の中核的機関として、学習環境の充実や整備のために必要な経費が補助されている。かつては一〇〇億円もの補助金が投入されていた。二〇二一年度は、補助金が約七四億円あまり、施設整備費補助金が約二億二〇〇〇万円だった。

この放送大学学園には、一九八六年七月から二〇一一年三月まで、事務次官経験者四人が続けて理事長に就任していた。

文部省事務次官だった宮地貫一氏、阿部充夫氏、井上孝美氏、それに文科省事務次官だった御手洗康氏。年間の報酬は約二〇〇〇万円となっている。御手洗氏はその後帝京大学顧問を務めたほか、二〇二二年四月時点で共立女子大学などを運営する共立女子学園の理事長を務めていた。

御手洗氏の前の事務次官、文科省の初代事務次官だった小野元之氏は、日本学術振興会理事長などを歴任して、二〇一六年から学校法人城西大学の理事に就いている。

その他の文部省時代の事務次官は、公立学校共済組合理事長、国立博物館理事長などが主な天下りポストだった。

最後の文部事務次官だった佐藤禎一氏は、日本学術振興会理事長、ユネスコ日本政府代表部特命全権大使、東京国立博物館長を歴任した。

さらに、大学ではないが、大学入試と関わりが深い団体にも佐藤氏は籍を置いていた。第二次安倍政権下で行われた大学入試改革で、大学入学共通テストの英語に民間試験導入が決まっていた際、英語検定試験のGTECをベネッセコーポレーションと共催する、進学基準研究機構の理事長を二〇一九年八月まで務めていた。

進学基準研究機構はベネッセの東京本部・新宿オフィス内を住所にしていて、事実上ベネッセ関連の団体と言える。

英語の民間試験導入は、受験料の負担や受験機会の公平性に疑問が挙がるなか、当時の萩生田光一文部科学大臣の「身の丈に合わせて頑張って」と発言したことをきっかけに批判が高まり、導入は見送られた。民間試験が始まるのを見込んでベネッセが用意したのがGTECだったのだ。その運営会社に事務次官経験者が天下っているのは、誰が見ても問題だと感じるのではないだろうか。

†事務次官経験者で唯一の国立大学学長

退官後すぐに大学トップに就任した人物もいる。二〇〇五年から二〇〇七年まで文科省事務次官を務めた結城章夫氏だ。

山形県出身の結城氏は、二〇〇七年七月六日に文科省を退任すると、山形大学学長選挙への出馬を表明し、七月二六日には学長選考会議によって学長就任が決まった。退任からわずか二〇日で、事務次官はもちろん、文科省OBで初めての国立大学の学長に選ばれたのだ。

しかし、このプロセスは批判を浴びた。その理由は複数ある。

まず、二年前の学長選考では五月末には学長選考が終わっていたが、結城氏が立候補できるようにわざわざスケジュールを遅らせていた疑いがある。国会会期中は事務次官は辞職しない不文律があったと言われ、五月末までに退職することは不可能だった。そのため、七月下旬まで選考を引き延ばしていたのだ。

六月一一日の第一次選考では誰も結城氏本人から同意を得ていない状態で結城氏を推薦し、候補者と決めるなど、手続きにも無理があった。

しかも、当時山形大学学長だった仙道富士郎氏と、文科省のノンキャリア職員で愛媛大学理事から山形大学理事になっていた田村幸男氏、それに医学部長の嘉山孝正氏が、前年の二〇〇六年一一月には結城氏に学長就任を要請していた。

当時の執行部が文科省事務次官を学長として迎え入れることで、予算の獲得や許可などが有利に進むことを期待したのだろうと想像できる。ただ、現職の事務次官に学長就任を要請するなど、二〇〇八年の国家公務員法改正以降であれば許されない話だろう。

当然ながら天下り批判も起きた。反発を予想した学長選考会議は、学内での投票である意向聴取の得票数を非公開にするよう規則を改正した。しかし、得票数については医学部を除くすべての学部から公開を求める教授会意見書が出るなど混乱し、この回に限り公開されることになった。

投票の結果は、小山清人氏が三七八票でトップとなり、結城氏は三五五票で二位だった。それでも学長選考会議は結城氏を学長に決定した。

二〇〇四年に制定された国立大学法人法では、事実上の最高意思決定機関として学長選考会議を新たに設置した。山形大学のケースによって、学長選考会議の過半数さえとれれば、学内の構成員の意向を無視して学長を決定できることが現実になったのだ。

結城氏は就任会見で天下り批判を問われると、「法律に従って学長選考会議が私を選んだのだから、文科省の押しつけではないし、天下りの批判はあたらない」と主張した。

こうして学長に就任した結城氏は、二〇一四年三月まで務めた。二〇一九年四月からは、東北文教大学などを運営する富澤学園の理事長に就任している。

山形大学の関係者によると、結城氏が学長に就任して以降、大学執行部は現場の教職員や職員組合の声に耳を貸さなくなったという。結城氏のあとに学長に就任した小山清人氏が率いる執行部にも体質は受け継がれた。

その結果として起きたのが、第三章で触れたパワハラや研究費の不正使用、さらには強引な給与削減を押しつけたことが山形県労働委員会に不当労働行為と認定されるなどの異常な事態だ。

山形大学は山形県労働委員会によって不当労働行為を認定されたが、逆に山形県労働委員会を訴える暴挙に出た。仙台高裁では山形大学が勝訴するものの、二〇二二年三月に最高裁は高裁判決を破棄し、審理を高裁に差し戻している。

学内関係者からは「結城氏が学長に就任して以降、執行部は自分たちが法律だと言わんばかりに、コンプライアンスを無視した大学運営をしている」との声も聞こえてくる。事務次官を学長に迎え入れてから現在まで、結果的に教職員や学生にとっては耐え難い状況が続いているのだ。

†天下りあっせん問題で処分された元事務次官たち

結城氏以降の文科省事務次官は、二〇〇八年に改正された国家公務員法の対象になっている。そのため、その後の事務次官経験者は、内閣府の再就職等監視委員会による調査が実施された二〇一七年に、国家公務員法違反や、文科省における再就職等規制に違反したなどとして処分や注意を受けた。

それまでの間に大学に再就職していたのは森口泰孝氏だ。二〇一三年に退官し、翌年に東京理科大学副学長に就任していた。

山中伸一氏は、退官後駐ブルガリア特命全権大使の職にあったが、文科省の組織的な天下りあっせん問題に関与していたことから、責任をとって辞任した。その後、大学ではないが、二〇一八年には沖縄県うるま市伊計島にある通信制高校のN高校を運営する、学校法人角川ドワンゴ学園の理事長に就任している。

土屋定之氏は二〇一六年六月に退任し、再就職等規制違反で訓告相当とされたあと、科学技術振興機構（JST）上席フェローや、ペルー大使を経て、二〇二一年に県立広島大学と叡啓大学を運営する広島県公立大学法人理事長に就任した。しかし、翌年に「健康上の理由」で突然退職しており、月刊誌『FACTA』は数カ月後に土屋氏のパワハラ疑惑を報じている。

東京医科大学をめぐる文科省汚職事件で懲戒処分を受けて辞任した戸谷一夫氏は、二〇二〇年から玉川大学学術研究所先端知能・ロボット研究センターの特任教授と、材料科学技術振興財団理事長を務めている。

戸谷氏の後任の事務次官だった藤原誠氏は、官房長のときに文科省から補助金を受けている学校法人の理事長と会食していたことが、事務次官在任中の二〇二一年に明らかになった。当時文科副大臣だった亀岡偉民氏に呼ばれて、宮崎県で私立高校を運営する豊栄学園の理事長と会食した。文科省の調査では亀岡氏が「自分が招待しているから自分が払う」と言ったため、藤原氏は亀岡氏が払ったと認識しているという。藤原氏は退官後、民間企業に再就職している。

ちなみに、事務次官ではないが、先に触れた文科省汚職事件で、贈賄罪で起訴された元会社役員から、不適切な接待を受けたとして減給処分を受け、二〇一八年に辞職した元初等中等教育局長の高橋道和氏が、二〇二二年四月から放送大学学園理事長に就任している。前述の通り、かつては事務次官が天下っていたポストだ。しかも高橋氏は、二〇一九年一月に東京オリンピック・パラリンピック競技大会組織委員会の役員室長に就任したことでも、批判を浴びていた。

組織的な天下りの処分が行われて五年が経ち、ほとぼりがさめたということなのだろうか。文科省の天下りには、再び注視する必要がある。

さて、文科省から大学など学校法人への天下りは、キャリア組やノンキャリア組に関係なく生じている。複数の大学で様々な役職に就く人物や、幹部として複数の大学を渡り歩く人物も珍しくない。

中には、天下りの人物が大学の運営に大きな影響力を持ち続けて、研究や教育に影響を与えている大学もある。国立大学法人の福岡教育大学と、私立大学の目白大学のケースから考えてみたい。

3　天下りと出向者が教育を破壊する福岡教育大学

†教員を大幅に減らして、役職者を増やす

「文科省から出向してきている役職者も含め、大学の規模から考えると、他大学よりも多い役職者数になっています。その一方で、法人化前と比べると、大学の常勤教員の数は約三割削減されました。採用が抑制されていることで、教員は多くの業務に疲弊しています」

こう嘆くのは、国立大学法人福岡教育大学のある教員だ。福岡県宗像市にキャンパスがあり、九州地域の教員養成の拠点となっている福岡教育大学は、一学年に約六〇〇人の学生が学ぶ。教科ごとに専門の大学教員を揃えることで、教科ごとに高い専門性を持った教

員養成を行う特徴を持っていた。

　ところが、あるときから始まった学長や理事による「改革」によって、カリキュラムは改変され、その特徴は失われつつある。その過程で教科内容を担当する教員が削減され始めた。二〇〇四年の法人化前、多いときには二二〇人ほどいた学部と大学院の専任教員は、二〇二二年度は約一五〇人と、四分の三以下に減っている。

　もっとも、専任教員の数が減っているのは、多くの大学でも同じだ。教員は、福岡教育大学の現状を次のように説明する。

「福岡教育大学が他の大学と違うのは、理事や副学長、副理事など、役職者が増えていることです。しかもほとんどの役職者を学長が指名します。その結果、学長を中心とする役職者たちが教員の意向を無視して何でも決めるようになりました。その状態がエスカレートして、教員ばかりか、学生にとっても、さらには地域社会にとっても不利益が生じる状況になっています」

　大学が変質を始めたのは、二〇一〇年に寺尾愼一氏が学長に就任してからだったと教員は感じている。二〇一一年から教育組織の改編を強行するとともに、教員の昇任人事が停滞した。二〇一二年には教職員組合と労使交渉をしないまま給与の減額に踏み切ったほか、二〇一三年には退職金の大幅な削減を行った。

拍車がかかったのは、二〇一三年に実施された学長選考以降だ。学長選考では教職員による意向投票の結果、一位の候補が一二三票、二位の候補が八八票と差が開いたが、学長選考会議は二位だった寺尾氏を再任した。

すると、学長選考会議は、二〇一五年四月には学長選考における意向投票の廃止を決定した。意向投票がなければ、教職員の意見を反映する場は失われる。しかも、学長選考会議委員の全員を実質的に学長が指名するので、現職の学長の意向が強く反映されることになった。

意向投票を廃止したのは、全国の国立大学で福岡教育大学がもっとも早いと見られている。第一章で触れた二〇一四年の国立大学法人法の改正によって、学長選考会議が選考方法をすべて決められるようになった。この改正法の施行が二〇一五年四月だったことから、いち早く取り入れた形だ。

寺尾氏は再任後の二〇一四年、それまで三人だった副学長を八人に、五人だった副理事を八人に増やすなど、役職者を大幅に増員した。あわせて、役職者に文科省から多くの現役出向者やOBを受け入れるようになる。主なポストは副学長、理事兼副学長、事務局長、副理事兼事務局次長などだった。

さらに、二〇一六年に学長選考会議の議長に就任したのは、元文科官僚の尾崎春樹氏だった。副議長には、文科省から天下ってきた事務局長が就任した。学長の権力を強める一方で、背後には文科省ОＢがにらみをきかせている構図と言えるだろう。また、尾崎氏は第一章で触れた大分大学でも学長選考会議の委員を務め、後述する目白大学では理事長の職にある。

この体制で福岡教育大学の研究や教育が良くなったのであれば、まだ問題はそれほど大きくないのかもしれない。しかし、現実は逆の方向へと進んでいった。

†学長や文科省関係者による「改革」の結果

寺尾氏が再任された後、寺尾氏と理事ら一部の幹部によって教育から予算まであらゆることが決められるようになり、「改革」と称して様々な変更が行われた。

その一つが、二〇一六年度に行われたカリキュラムの変更だ。この年に入学した学生から、初等教育教員養成課程で教科ごとにコースに分かれて履修する教科選修制が廃止された。

廃止によって学生は教科内容を専門的に学ぶことが難しくなった。このため小学校と中学校両方の免許を取得しづらくなり、学生のキャリアに影響しているという。

この改革に伴って、初等教育の英語専修コースも廃止された。小学校高学年では二〇二〇年度から英語の必修化と、二〇二二年度から教科担任制の導入が始まったが、こうした流れと逆行している。

また、同じ二〇一六年度には、生涯教育系の課程が改編され、他のコースに加えて情報教育コースも廃止された。このコースでは、「情報」の教員免許を取得することが可能だった。二〇二五年度の大学入学共通テストから新たな教科として「情報」が加わることが決まっていて、ここでも国の方針に逆行していることがわかる。

代わりに熱心に行われているのが、学長の裁量で決められる予算の増額と教員の削減、それに研究と教育の予算削減だ。

特に研究費の削減は顕著だ。基礎的研究費は二〇一三年当時と比べると、二〇二一年には四分の一から五分の一以下の配分しかないという。

あわせて、図書館の購読雑誌数も大幅に減らされた。問題なのは、こうした削減が事前に示されずに行われるなど、予算配分が不透明になったことだ。

教員の賞与の査定も不透明になった。査定の結果だけはわかるものの、どのような理由で評価されているのかは本人にもわからない。

このような「改革」が行われるなか、二〇一五年には寺尾氏が突然大学の英語名を変更した。それまでは「Fukuoka University of Education」だったが、「University of Teacher Education Fukuoka」となった。

変更に際して、学内での審議や説明はなかった。この変更により、学生が留学した際に英語名が大学と認識されずに困ったケースがあったという。英語の文法から見ても違和感があるという声も出た。教員によるこれまでの海外論文の業績も、福岡教育大学のものなのかわかりにくくしてしまう。

そもそも、混乱を引き起こす英語名の変更を、なぜ行わなければならなかったのか。寺尾氏からまったく説明がないために、教員は理解できないままだ。

†「不当労働行為認定を不服」で提訴も最高裁で敗訴

寺尾氏を中心とする大学執行部に対して、教員も黙ってきたわけではなかった。前述した二〇一二年の給与削減強行に対して、福岡教育大学教職員組合は同年に減額分を未払い賃金として請求する訴訟を起こした。これは国立大学法人では初めて起きた裁判だった。ただ、最終的には高裁で教職員組合側の請求棄却で裁判は終わる。

二〇一三年の学長選考では、教職員による意向投票とは異なる結果となったことや、その理由が示されていないことに対して批判が高まり、学部と大学院の合同教授会は再審議を求めることを可決した。教職員組合も、同様に学長選考を批判したビラを配布した。

このビラ配布をきっかけに、執行部が報復とも取れる行動に出る。

寺尾氏は、二〇一四年四月からの大学院研究科長の候補者として、大学院の教授会が出していた教授に対して、研究科長の任命を拒否した。この候補者がビラの配布に参加していたのが大きな理由だった。また、教職員組合の書記長だった教授を、教育研究評議会評議員に指名することも拒否した。

教職員組合によるビラ配布は、正当な組合活動として認められている行為である。教職員組合では研究科長の任命拒否と、評議員の指名拒否が組合活動への不当な干渉であり、不当労働行為にあたるなどとして、福岡県労働委員会に救済の申し立てを行った。

この申し立てに対して執行部も全面的に争ってきたが、福岡県労働委員会は任命拒否と指名拒否は正当な組合活動に対してなされた「不利益な取り扱い」だとして、不当労働行為として認定した。執行部は中央労働委員会に不服申し立てをしたが、不当労働行為の判断は変わらなかった。

すると、執行部は教員たちの想像を超える強行な手段に出た。中央労働委員会の決定を不服として、福岡教育大学が原告となって、国を相手に不当労働行為認定の取り消しを求める裁判を起こしたのだ。前述の山形大学と同じ暴挙と言える。

この裁判で大学側は敗訴し、最高裁まで上告したが二〇一九年一月に棄却されて、不当労働行為が確定した。

†最高裁で敗訴しても誰も責任とらず

不当労働行為をめぐる争いが続いた期間中、二〇一六年四月には寺尾氏に変わって理事だった櫻井孝俊氏が学長に就任した。前述の通り意向投票は廃止されていて、寺尾氏が自らの路線を継承する人物として選んだ学長だった。

しかも、任期満了で三月末をもって学長を退いた寺尾氏は、四月から副学長に就任した。まるで「院政」を敷いたかのような人事に、福岡教育大学だけでなく、事情を知る全国の大学関係者から驚きの声が上がった。

さらに、不当労働行為の認定をめぐって大学側は最高裁で敗訴したにもかかわらず、経営協議会や監事から執行部への処分などはなかった。この体制では当然だろう。寺尾氏は最高裁判決が確定した二カ月後の二〇一九年三月に副学長を退職した。

これだけの異常な事態に対し、文科省からの出向や天下りの役職者たちも、外から見る限り話し合いで解決しようとする姿勢を見せた形跡はない。むしろ、寺尾氏や櫻井氏の決定を後押しし、黙認してきたのではないだろうか。

すでに触れた複数免許取得ができなくなったカリキュラム改編も、断行したのは文科省から出向していた副学長だったと教員らは見ている。

福岡教育大学ではこれらの労働問題以外にも様々な問題が起きている。学長選考会議の委員と大学の経営協議会委員を務める、宗像市長の伊豆美沙子氏の主導で、大学敷地内に福岡県立の特別支援学校を建設する話が持ち上がった。しかし、その場所は、土砂災害警戒区域内に指定されているなど安全性に疑問があり、異論が噴出している。それでも執行部はこの計画を進めている。

そもそも大学のほとんどが、土砂災害警戒区域内に位置していた。校舎も老朽化し、学生や教職員は危険にさらされている状態だ。安全性に関わる大学自体の問題も放置され続けているのである。

福岡教育大学で起きていることを詳細に見ていくと、他大学に比べて教員数や学生数に対して多く在籍している文科省関係者の存在が、大学の運営や研究、教育にプラスになっているとは言いがたい。ある教員は、次のように断じる。

「教員採用の抑制など、執行部が改革と称する労働環境の悪化によって、教員は疲弊しました。ただ、一番の被害者は、不合理なカリキュラム再編によって、従来なら取れたはずの資格が取れずに社会に放り出された学生です。もっと言えば、十分な教育を受けられなかった学生が教員になって、その教員に教えられる地域の子どもたちもまた被害者なのです。これは文科省からの出向者や天下りの役職者を増やした結果と言えるのではないでしょうか」

国立大学に出向していた職員が、理事へと出世して大学に居座るか、また他の国立大学の理事へと移っていくのは、組織ぐるみの天下りにメスが入った今、事実上の再就職として大事なルートなのかもしれない。その結果、文科省の「植民地」と化す地方の国立大学が今後も増えていくことが懸念される。国立大学法人法の改正や、教授会の権限の弱体化、学長への権力集中といった国の政策は、その方向性をさらに加速させるだろう。

福岡教育大学の問題は、国立大学の暗い未来を示している。

4　天下りが支配する目白大学

†天下りが次々と幹部に就任

「この大学は文科省の天下りに乗っ取られ、食い物にされています」

長年勤務している教員がこのように嘆いているのが、東京都や埼玉県にキャンパスがある目白大学だ。

目白大学は、学校法人目白学園が一九九四年に設置した。目白学園自体は一九二三年に創立され、大学以外にも大学院、短期大学、中学、高校があり、約七〇〇〇人の学生と生徒が学んでいる。

二〇一一年に不祥事が起きたことで、当時の理事長が遠縁にあたる文部省OBの逸見博昌氏に学園の建て直しを依頼したと言われている。

ところが、逸見氏が理事長に就任して以降、法人幹部に次々と天下りが入ってくるようになった。

天下りがもっとも多かったのは二〇一三年一一月で、なんと六人もの天下りが重要ポストに就いていた。

当時、理事長の逸見氏に次ぐポストの専務理事には、尾崎春樹氏がいた。前述の通り、福岡教育大学の学長選考会議議長を務めた人物だ。

常務理事にいたのは田村幸男氏で、すでに述べたように山形大学の学長選考で文科省の事務次官を学長に擁立するために動いた人物でもある。愛媛大学で理事、山形大学で理事、副学長を務めたあと、二〇一三年から目白大学に在籍している。

このほか、事務局長だった中島節夫氏、総務部長の加藤豊造氏、それに管理部ディレクターの細田重好氏も天下りだった。

異常な人数の天下りが目白学園を支配する構造は、週刊文春をはじめとする雑誌などでも批判された。それでもなお、天下りがいなくなることはなかった。

逸見氏は二〇一五年に退任したものの、二〇二二年四月現在は、尾崎氏が理事長、田村氏が専務理事に就いている。

さらに事務局長兼任の理事には、文科省退官後に奈良女子大の理事と事務局長を務めた笠井俊秀氏がいるほか、特命理事長補佐に事務局長と常勤監事を務めた中島氏がいるなど、幹部には四人もの天下りが名前を連ねている。

なぜこんなに多くの天下りが次々と目白学園に集まってきたのか。それは、逸見氏が理事長になって以来、自分とつながっている人物である尾崎氏や田村氏を招き入れ、また彼らが自分たちの元同僚を招き入れる構図だと関係者は指摘している。

逸見氏は元総理の森喜朗氏と懇意と言われ、サッカーくじの「toto」を立ち上げた中心人物だった。関係者によると、逸見氏は一九九七年から当時の日本体育・学校健康センターの理事長を務め、在籍中の二〇〇〇年にサッカーくじの事業を始めた。文部省でサッカーくじの立案に関わっていたのが尾崎氏だったと言われている。

また、田村氏も逸見氏と同じ時期に日本体育・学校健康センターに在籍し、スポーツ振興投票部の投票部長も務めていた。二〇一二年から二〇一四年まで専務理事を務めたやはり天下りの都賀善信氏もサッカーくじに関与していたと見られている。自分たちの「身内」を集めたという見方もできるのだ。

†給料を大幅に削減する「ライフプラン」

天下りが運営している私立大学というだけでも異常だが、その運営にも問題が多いと目白学園の関係者は憤る。

「二〇一五年に逸見氏が退任し、尾崎氏が理事長に就任してから、目白大学はおかしな方向に進んでいきました。尾崎理事長は文科省の事務次官と同額の報酬をもらいながら、毎日出勤しているわけではありません。出勤する日も、朝一〇時くらいに来て、午後三時頃には帰る勤務実態です。文科省の植民地といわれる福岡教育大学の学長選考会議の議長職に力を入れているようです。目白大学と同様に文科省による支配を維持するために、体制づくりをしているのでしょう」

そして、天下りが増える一方で、教員の給与を大幅に削減する計画が明らかになる。二〇一五年に「目白学園ライフプラン検討会議」が理事会に設置された。会議の趣旨は、学生の志願動向などを踏まえると、財務が早い時期に赤字化する見通しが高いとして、給与や定年、その他の労働条件について検討するものだった。座長に就任したのは、この年に総務担当の常務理事に就任した田村氏だった。

検討会議が二〇一六年三月に発表した中間まとめでは、学納金を据え置いた場合、二〇二四年には二五億円以上の赤字が見込まれると分析した上で、解消策として多岐にわたって労働条件を変更する案が示された。

教員の給料については、五五歳以上で定期昇給を停止するか、昇給カーブを緩和すること。定年については、現在七〇歳となっている全教職員の定年を一律に六五歳とするか、もしくは六五歳以上の年収を削減する内容だった。

大学教員の場合、一般的には大学院を卒業して、研究や教育の実績を積み、ある程度の年齢になってから大学に正規採用される。定年が七〇歳になっているのは、こうした大学教員特有の背景があるからだ。しかし、この案が実行されると、生涯賃金で考えると、大幅な減額になる。学内の関係者は次のように説明する。

「ライフプランでもっとも被害を被るケースでは、年収が約二七〇万円減る上に、生涯賃金で考えると給与と退職金を合わせて一八〇〇万円以上の減額になります。ライフプランという聞こえのいい名前を使っていますが、尋常ではない額の給与削減が目的なのです」

検討会議は二〇一六年三月に中間まとめを発表すると、四月から八月にかけて内容を説明する会議を学部ごとに開催した。関係者によると座長の田村氏は、六月に開かれた四学部合同説明会で、一人でも反対したらライフプランの実施はしないといった趣旨の発言をしたという。

しかし、実際は違っていた。教職員組合ではこの年の一月からライフプランに関する団体交渉を行っていた。田村氏からはこのままでは財務が成り立たなくなり、人件費しか削るところがないと、人件費ありきの発言があったという。

これに対して教職員組合は、人件費を削減する必要性について説明を求めたが、回答はなかった。中間まとめが出た後の七月には、ライフプランに関する事項は交渉事項ではないとして、団体交渉は拒否された。

九月には目白学園の経営企画本部より、ライフプランの実施策が発表される。その骨子は、五五歳から五九歳までは隔年昇給とし、六〇歳以上は昇給を完全に停止することや、六五歳以上は直近の給与の号俸に〇・八を乗じた額の、すぐ上にある号俸に減俸することなどだった。

実施策は教職員に十分説明されないまま、目白学園は就業規則の改正に動き出す。ここまで何度も触れているが、改正には労働者の過半数代表者の意見を聞いた上で、労働基準監督署に届ける必要がある。

ところが、目白学園の本部からは、学部ごとに過半数代表を選出するように指示があった。各学部から異論が出たものの、方針が変わらなかったため、各学部で代表者の選出や意見書の取りまとめを行っていた。にもかかわらず、目白学園はその最中に、一方的に労働基準監督署に就業規則を届け出たのだ。

新宿労働基準監督署は、意見書が添付されていないとして、二度にわたって不受理をした。すると、田村氏は一部の過半数代表候補者を呼び出して、用意した意見書案を示し、同様の記載で意見書を提出することを迫ったという。

その後も混乱が続くなか、二〇一八年一一月に意見書がないまま強引に提出された就業規則が、労働基準監督署に受理された。就業規則は二〇二〇年四月に施行され、給与の削減は始まった。

†文科省からの指導と理事たちの闇

ライフプランをめぐる混乱以外にも、目白学園では様々な問題や、幹部による疑惑が噴出している。

目白大学では二〇一八年四月にメディア学部を新設した。関係者によると、申請段階でカリキュラムが「学問とは言えないのではないか」と問題視された。それでも認可されたのは、「同じ時期に加計学園が運営する岡山理科大学の獣医学部の新設が申請されていたので、そのどさくさに紛れて認可されたのではないか」とささやかれている。

それが二〇一九年になって、文科省による認可後の調査で指導を受ける。法令違反、是正、改善の三項目を指摘された。それでも幹部は誰も責任はとっていない。

教員の給与が削減されるなかで、キャンパス内では「果たして必要があるのか」と教員が首を傾げる工事も行われている。

新宿区のキャンパスでは、二〇二〇年に新校舎が完成した。大学関係者によると、総工費は約二八億円と見られるという。

さいたま市の岩槻キャンパスでは、二〇一八年、バス停に待合室が新設された。広さは三七平方メートルで、工事費は約二六〇〇万円にのぼる。「相場よりも一〇〇〇万円は高いのではないか」という声も聞こえてくる。

理事長の尾崎氏に関しては、二〇一四年七月に専務理事として着任する一年以上前、つまり文科省に在籍しているときから、前理事長の逸見氏と連絡を取っていた可能性が指摘されている。

また田村氏は、七〇歳定年制を無視した行動に出る。二〇一八年三月に定年退職をしたと思ったら、翌月には特命理事長補佐という突然できたポストですぐに復帰した。さらに二〇一九年四月からは専務理事に就任している。関係者は次のように嘆く。

「そもそも目白学園の七〇歳定年制は、創業家を追い出すために、天下りの幹部たちが作ったルールです。田村氏はそのルールを自ら破っているのです。こんなことをして恥ずかしくないのでしょうか。彼らは私利私欲しか考えていません。ここまで卑しいことを平気でできるのが天下りなのです。このままでは目白大学はしゃぶり尽くされるでしょう」

執行部の独断で何でも決められる体制に、声を上げ続けている教員もいる。ライフプランの実行による給与削減が始まったことを受けて、二〇二〇年九月には教員八人が未払い賃金の返還を求めて、目白学園を提訴した。

教員は目白大学の運営の実態をもっと知ってもらいたいと訴える。

「尾崎氏や田村氏が、教育のことを真剣に考えているとは思えません。コンプライアンスも無視し続けています。このままでは、目白学園は文科省の天下り王国であり続けるでしょう。天下り以外でも、現在の学長や三人の副学長に、博士号を取得している人物は一人もいません。こんな大学があるでしょうか。学生や保護者、世の中の人がおかしいと思う状況にならない限り、目白大学を変えることはできないと感じています」

しかし、教員がどれだけ内外に訴えていても、尾崎氏と田村氏が中心となって運営する目白学園の体制が変わる状況にはなっていない。

5　文科省にとっての大学とは

†国立大学にも私立大学にも天下り

国家公務員が大学の教員として再就職するケースは、多くの省庁で見られる。その場合、博士号を取得している人物であれば、まだ理解はできる。しかし、文科省から大学教員になる人物で、博士号を取得している人物は決して多くはない。

さらに不可解なのは、研究や教育について現場を知らない事務職員でありながら、現役出向で幹部職員に就き、さらには理事、副学長として大学に残って、事実上天下ることが可能なことだ。中には私立大学の理事長や学長に就任し、長く居座るOBまでいる。

第五章では文科省から大学への現役出向や天下りの実態を取り上げた。文科省にとって大学は何のためにあるのかと考えざるを得ない。

法人化した国公立大学も、私立大学も、ともに独立した組織のはずだ。にもかかわらず、人事や予算を使って大学支配を強めて、自らの勤務地としての出向先や、天下り先を確保することが一番の目的になっているのではないだろうか。

その疑念は、二〇一七年に発覚した組織的な天下りが発覚したことでも明らかだ。多くの職員やＯＢが処分されたが、反省しているようには見えない。

†拙速な改正をした大学設置基準

文科省は二〇二二年一〇月、大学設置基準等の一部を改正した。重要な改正が含まれているにもかかわらず、そのプロセスは拙速と指摘して差し支えないものだった。

同年三月、中央教育審議会大学分科会質保証システム部会がまとめた改革案に基づいて、文科省が改正作業を進めた。五月に改正案が示されると、案は六月に更新され、七月から八月にかけてパブリックコメントが実施された。直後の九月七日、中央教育審議会の大学部会は文部科学大臣の諮問を受けて、改正を「適当」と認める答申案を了承した。そして早くも一〇月には実施されてしまったのだ。

数ある改正点の中から、二点だけ言及したい。一点目は、「教員組織」をなくし、「事務職員」が削除され、代わって必要な教員及び事務職員等からなる「教育研究実施組織」を編成することだ。

二〇一四年の学校教育法改正によって、教授会は学長の諮問機関に格下げされたが、この改正ではさらなる格下げどころか、教授会が必ずしも必要な組織ではなくなったかのように読める。

また、これまで教員が担ってきた教育と研究の分野に、事務職員が関わることを可能にするものでもある。国立大学では理事や事務職員幹部に、文科省からの天下りや現役出向者や天下りが就いているのは前述の通りだ。教員の役割を曖昧にすると同時に、執行部の意を受けた事務職員が大学の教育と研究に口出しすることを可能にする改正ではないか、とも受け取れる。

もう一点は、「専任教員」の規定を廃止し、新たに「基幹教員」制度を導入したことだ。これまで「専任教員」は原則として一大学限定で教育と研究を行うことになっていた。これに対し「基幹教員」は、従来の専任教員に加えて、「教育課程の編成その他の学部の運営について責任を担う」ことを条件に、「一年につき八単位以上の授業科目を担当する」教員が含まれる。つまり、「基幹教員」は複数の大学で勤務することを可能にするものだ。

改正の狙いは、民間の人材や専門性の高い基幹教員が、複数の大学で教育できることで、先進分野の学部や学科の新設をしやすくすること、と考えられるが、同時に大学教員の地位や身分が不安定になることも懸念される。

これほど大きな制度改正を含む内容が、国会などでの十分な議論もないまま決まってしまったのだ。

†大学は誰のためにあるのか

以上のような大学設置基準の改正による懸念が、現実のものになっていくのかはわからない。ただ、天下りや現役出向などで文科省職員の既得権益が守られている一方で、本来大学教育を担うはずの教員が教学内容を決めるプロセスから外され、教授会が有名無実化されてきた。今回の大学設置基準改正が、その流れをさらに推し進めるものである可能性は高い。少なくとも、文科省の天下りや現役出向者にとっては教育や研究内容に口出しできるメリットが増えても、何か権限が奪われるといったデメリットは何もない。

それにしても、これまで進められてきた法改正などによって、教育や研究、学生生活の面で、学生にどんなメリットがあったというのだろうか。

国立大学法人化などの法改正は、政治の意向によって進められた側面が強い。一方で、教授会の権限を格下げし、学外者を入れた学長選考会議が学長を決めるといった「ガバナンス改革」は、政治と経済界の意向を大学に反映させやすくすることが目的だったと言っても差し支えないだろう。こうした政治や経済界の意向を受けて、実行してきたのが文科省だ。

教員の権限をより小さく、曖昧な立場にして、不安定化すれば、当然ながら教育に影響が出るのではないだろうか。

大学は誰のためにあるのか。文科省が推し進める政策には、いっそう注意する必要がある。

おわりに

本書を読んで、考えられないようなトラブルが相次いでいることに、あきれた読者も多いかもしれない。しかし、いずれの問題も二〇二二年までの一〇年たらずの間に、全国の大学で実際に起きたことだ。

第一章と第二章で扱った大学の多くは、文科省による「大学ガバナンス改革」を都合のいいように解釈して、トップの独裁化や私物化を進めた。その行き過ぎた行為に対して文科省は、法律は「性善説」に立っているとしてとがめないばかりか、後押しをしているようにも見える。

さらには北海道大学のように、文科省の意向に刃向かった総長を、理由も明確にしないまま解任している例もある。国立大学法人化や私立大学法改正、学校教育法の改正など、国の教育政策が問題の背景にあることを、個々の事案が浮き彫りにしているのではないだろうか。

第二章の札幌国際大学の問題の背景には、二〇〇八年に政府が発表した「留学生三〇万人計画」がある。留学生を受け入れることで補助金が入ることから、補助金の確保自体が目的化し、不適切入試までする大学を生んだ。二〇二〇年以降はコロナ禍で留学生も減少しているが、国は留学生を増やす方針を変えていない。

第三章のハラスメントの問題では、退職強要研修を行った追手門学院の理事長は「国のガバナンス改革の先頭をいく」人物だった。山形大学、東北大学、宮崎大学は国立大学であり、文科省の出向者が幹部にいるにもかかわらず、ハラスメント問題に向き合っていないばかりか、隠蔽、捏造までする実態がある。学生を守るという視点も見当たらない。

第四章の非常勤講師らの雇用破壊を生んだ背景には、一九九六年から二〇〇〇年にかけて実施された、博士号取得者を一万人増員する「ポスドク一万人計画」がある。しかし、少子化が進み、経営の先行きに不安を抱えるなかで、国公立私立ともに大学の専任教員ポストは減少した。その結果、非常勤講師だけで生計を立てなければならない研究者が多数生まれ、非常勤講師なしでは大学の授業も成り立たなくなっている。

にもかかわらず、非正規労働者を守る法律ができたことを逆手にとり、脱法的に非常勤講師や職員を大量解雇する動きが、「二〇一八年問題」と「二〇二三年問題」だ。

第五章では文科省の現役出向と天下りを概観した。組織ぐるみの違法な天下りが大きな問題になったにもかかわらず、今後も改善される気配はなく、現役出向や天下りのポストを確保している。大学に関する法改正や制度改正、さらにはその運用を見ると、文科省の職員やOBの働き先を確保するためなのではないかと勘繰ってしまう。現役出向や天下りが、研究と教育を担う教員、若い研究者、そして高い学費を払って通っている学生のためになっていることもないだろう。

本書で扱った事案を含めて、政治家、文科省、大学執行部がもたれあい、それぞれの利権構造を構築しようとした場合に、ガバナンスの問題は起きていると言える。

税金を原資とする多額の補助金や、税制上の優遇措置を受けているにもかかわらず、私利私欲に走る行為に対しては、司直の手が入らずとも、厳しい審査や自浄作用が働く仕組みが必要ではないだろうか。

筆者はフリーランスのジャーナリストとして独立した二〇一六年から大学の問題を取材し、ウェブメディアの「現代ビジネス」で執筆を始めた。

最初に掲載されたのが、同志社大学大学院教授だったジャーナリストの浅野健一氏が、定年延長を拒否された問題だった。その後も大学で起きた解雇事件を取材し、記事が掲載されると、全国各地から不当な解雇や雇い止め、ハラスメント、大学執行部による不正行為などの情報が、当事者や関係者から寄せられるようになった。取材した内容を「現代ビジネス」のほか、ウェブメディアでは「FRIDAYデジタル」「プレジデントオンライン」「ビジネスジャーナル」、雑誌では「ZAITEN」「週刊金曜日」などでも執筆する機会を得た。

ただ、日本大学の反則タックルが問題になった二〇一八年以前は、大学で起きている問題が報道されることは、現在よりも少なかったと感じている。

もっと言えば、地方の大学で起きた問題や、全国的に名前が知られていない大学で起きている問題は、マスメディアではいまだにほとんど報道されていない。

国公立大学の執行部の独裁化はまず地方から始まり、全国に広がっている。まるで誰かが規模の小さな大学で試してから、中規模、大規模な大学で同じことをしようとしているようにも見える。だからこそ、地方の大学で起きていることにも目を向ける必要があると考えた。

執行部の独裁化の背後には、文科省の現役出向職員や天下りに加えて、大学に対して経営コンサルタントを行っている団体や弁護士事務所なども存在する。コンサルタント団体には、文科省OBが関わっていることも少なくない。

少子化が進むなかで、今後も大学の経営環境が厳しくなることが予想される。日本私立学校振興・共済事業団が二〇二二年九月に公表した私立大学志願者動向調査によると、私立大学全体の四七・五％が定員割れしている。今後も経営難からコンサルタントに頼る大学も増えるかもしれない。しかし、コンサルタントが関わっている大学でトラブルが起きていることを知っておくべきだろう。

国立大学では国の主導で法人の統合が進みつつある。さらに政府が一〇兆円の大学ファンドを創設して、多額の運用益を「国際卓越研究大学」に認定した大学に対して支出する制度をスタートさせたことも、すでに触れた通りだ。認定されるのは数大学で、国立と私立の大規模な大学が応募すると見られる。国立大学法人の中には、応募を前提として複数の法人の統合を検討しているところもある。

認定された大学には、毎年三％程度の成長を求めるとされている。大学が金を稼ぐことによって、研究力の強化や教育の充実につながるのだろうか。また、認定された大学の最高意思決定機関は新たに作られ、総理をはじめ閣僚や経済界が大学の運営をチェックする。政府のための研究を強いられるのではないかと疑わざるを得ない。

大学をめぐる政策についての課題は多数あるが、残念ながら国会では活発な議論が行われているとは言いがたい。問題意識を持っている議員も多いとは言えないのが実情だ。

この状況ではおそらく、日本の大学で研究と教育を担う教員と、最大のステークホルダーであるはずの学生を取り巻く環境は、今後もさらに厳しいものになるのではないだろうか。

大学の関係者だけでなく、学生、受験生、保護者、また納税者として、多くの人に大学で起きている問題にもっと関心を持ってほしいと考えている。


本書の執筆にあたっては多くの当事者や関係者に取材を受けていただいた。特に当事者の方々には苦しい環境に置かれているにもかかわらず、多くの時間を割いていただいたことに改めて感謝の意を表したい。

また、出版にあたって、編集を担当していただいた筑摩書房の藤岡美玲氏と、河内卓氏には多くのご助言をいただいた。河内氏をご紹介いただいた京都産業大学の玉木俊明教授にも感謝を申し上げる。

筆者のもとには、大学から不当な扱いを受けた当事者から日々連絡をいただいているが、すべての事案を伝えることができていないことを大変申し訳なく感じている。

できるだけ多くの事案を取材し、記事として示すことで、大学で起きていることを一人でも多くの人に知ってもらえるように、今後も取り組んでいきたい。

主要参考文献

青木栄一『文部科学省　揺らぐ日本の教育と学術』中央公論新社、二〇二一年
天野郁夫『大学の誕生（上）――帝国大学の時代』中央公論新社、二〇〇九年
『大学の誕生（下）――大学への挑戦』中央公論新社、二〇〇九年
有元秀文『文部科学省は解体せよ』扶桑社、二〇一七年
石原俊『群島と大学――冷戦ガラパゴスを超えて』共和国、二〇一七年
岡山茂『ハムレットの大学』新評論、二〇一四年
上林陽治『非正規公務員』日本評論社、二〇一二年
『非正規公務員の現在――深化する格差』日本評論社、二〇一五年
『非正規公務員のリアル――欺瞞の会計年度任用職員制度』日本評論社、二〇二一年
駒込武編『「私物化」される国公立大学』岩波書店、二〇二一年
紅野謙介『職業としての大学人』文学通信、二〇二二年
佐藤郁哉『大学改革の迷走』筑摩書房、二〇一九年
佐藤学・上野千鶴子・内田樹編『学問の自由が危ない――日本学術会議問題の深層』晶文社、二〇二一年
全国大学高専教職員組合編『大学破壊――国立大学に未来はあるか』旬報社、二〇〇九年
田村秀『自治体と大学――少子化時代の生き残り策』筑摩書房、二〇二二年
東北大学職員組合編『非正規職員は消耗品ですか？――東北大学における大量雇止めとのたたか

い』学習の友社、二〇二一年
中井浩一『徹底検証　大学法人化』中央公論新社、二〇〇四年
林克明『ブラック大学　早稲田』同時代社、二〇一四年
広田照幸『大学論を組み替える』名古屋大学出版会、二〇一九年
光本滋『危機に立つ国立大学』クロスカルチャー出版、二〇一五年
『二〇二〇年の大学危機――コロナ危機が問うもの』クロスカルチャー出版、二〇二一年
安田賢治『笑うに笑えない大学の惨状』祥伝社、二〇一三年
山上浩二郎『検証　大学改革　混迷の先を診る』岩波書店、二〇一三年
吉見俊哉『大学とは何か』岩波書店、二〇一一年
『大学は何処へ――未来への設計』岩波書店、二〇二一年
寄川条路編『大学における〈学問・教育・表現の自由〉を問う』法律文化社、二〇一八年
渡辺孝『私立大学はなぜ危ういのか』青土社、二〇一七年
『現代思想』二〇二一年一〇月号「特集　大学は誰のものか」青土社
『世界』二〇二一年一二月号「特集　学知と政治」岩波書店
全国国公私立大学の事件情報（http://university.main.jp/blog/）

文部科学省や各大学のホームページのほか、毎日新聞、日本経済新聞、朝日新聞、読売新聞などの記事を参照した。

ちくま新書
1708

ルポ 大学崩壊《だいがくほうかい》

二〇二三年二月一〇日 第一刷発行
二〇二三年五月一〇日 第二刷発行

著者 田中圭太郎（たなか・けいたろう）
発行者 喜入冬子
発行所 株式会社 筑摩書房
東京都台東区蔵前二‐五‐三 郵便番号一一一‐八七五五
電話番号〇三‐五六八七‐二六〇一（代表）
装幀者 間村俊一
印刷・製本 株式会社 精興社

ISBN978-4-480-07539-0 C0237

ちくま新書

1451
大学改革の迷走
佐藤郁哉
シラバス、PDCA、KPI……。大学改革にまつわる政策は理不尽、理解不能なものばかり。なぜそういった改革案が続くのか？　その複雑な構造をひもとく。

1386
大学の未来地図
――「知識集約型社会」を創る
五神真
高等教育機関たる大学は知の集積拠点である。価値創造の上でも力を発揮する大学は、日本の未来にとっても重要な役割を果たす。その可能性を説く新時代の大学論！

1473
危機に立つ東大
――入試制度改革をめぐる葛藤と迷走
石井洋二郎
秋季入学構想の加速、英語民間試験をめぐる問題……日本のリーディング大学で何が起こっていたのか？　改革の経緯を見直し、大学のあるべき姿を提示する。

1676
自治体と大学
――少子化時代の生き残り策
田村秀
人口減少で消滅可能性さえ取り沙汰される自治体と大学。地域活性、財政的負担、権限の範囲をめぐる関係史を紐解き、両者の望ましい協働、今後のゆくえをさぐる。

1605
入試改革はなぜ狂って見えるか
物江潤
総合学習、多面的評価、高大接続……。教育や入試の改革はなぜいつも見当違いばかりなのか。理想と現実のはざまで混乱する議論に惑わされないための視点とは。

1212
高大接続改革
――変わる入試と教育システム
山内太地
本間正人
2020年度から大学入試が激変する。アクティブラーニング（AL）を前提とした高大接続の一環。では、ALとは何か、私たち親や教師はどう対応したらよいか？

1645
ルポ　名門校
――「進学校」との違いは何か？
おおたとしまさ
進学校と名門校は何が違うのか？　旧制中学、藩校、女学校出身の伝統校から戦後生まれの新興校まで全国30校を取材。名門校に棲む「家付き酵母」の正体に迫る。

ちくま新書

1422
教育格差
——階層・地域・学歴
松岡亮二
親の学歴や居住地域など「生まれ」によって、子どもの学歴・未来は大きく変わる。本書は、就学前から高校まで教育格差を緻密に検証し、採るべき対策を提案する。

1014
学力幻想
小玉重夫
日本の教育はなぜ失敗をくり返すのか。その背景には、子ども中心主義とポピュリズムの罠がある。学力をめぐる誤った思い込みを抉り出し、教育再生への道筋を示す。

1337
暴走する能力主義
——教育と現代社会の病理
中村高康
大学進学が一般化し、いま、学歴の正当性が問われている。〈能力〉のあり方が揺らぐ現代を分析し、私たちが生きる社会とは何なのか、その構造をくっきりと描く。

817
教育の職業的意義
——若者、学校、社会をつなぐ
本田由紀
このままでは、教育も仕事も、若者たちにとって壮大な詐欺でしかない。教育と社会との壊れた連環を修復し、日本社会の再編を考える。

1174
「超」進学校　開成・灘の卒業生
——その教育は仕事に活きるか
濱中淳子
東西の超進学校、開成と灘に実施した卒業生調査。中高時代の生活や悩みから現在の職業、年収まで詳細に分析。そこから日本の教育と社会の実相を逆照射する。

1339
オカルト化する日本の教育
——江戸しぐさと親学にひそむナショナリズム
原田実
偽史・疑似科学にもとづく教育論が、教育行政に影響を与えている。欺瞞に満ちた教えはなぜ蔓延したのか。嘘がばれているのに、まかり通る背景には何があるのか。

1511
学力格差を克服する
志水宏吉
学力格差の実態はどうなっているのか？　それを克服するにはどうすればよいのか？　「学力保障」の考え方や学校の取り組みなどを紹介し、解決に向け考察する。

1468
国語教育　混迷する改革
紅野謙介
実用文と複数資料を扱う「大学入学共通テスト」の構造的欠陥とは。論理と文学を切り分けた「新学習指導要領」の行方は。歪められつつある国語教育の未来形を考える。

1354
国語教育の危機
――大学入学共通テストと新学習指導要領
紅野謙介
二〇二一年より導入される大学入学共通テスト。高校国語教科書の編集に携わってきた著者が、そのプレテスト問題を分析し、看過できない内容にメスを入れる。

399
教えることの復権
大村はま
苅谷剛彦・夏子
詰め込みかゆとり教育か。今再びこの国の教育が揺れている。教室と授業に賭けた一教師の息の長い仕事を通して、もう一度正面から「教えること」を考え直す。

1041
子どもが伸びる　ほめる子育て
――データと実例が教えるツボ
太田肇
「ほめて育てる」のは意外と難しい。間違えると逆効果。どうしたら力を伸ばせるのか？　データと実例で「ほめ方」を解説し、無気力な子供を変える育て方を伝授！

1180
家庭という学校
外山滋比古
親こそ最高の教師である。子供が誰でも持つ天才的能力をつなぎとめるには、親が家庭で上手に教育するしかない。誇りを持って、愛情をこめて子を導く教育術の真髄。

1549
日本の教育はダメじゃない
――国際比較データで問いなおす
小松光
ジェルミー・ラプリー
「いじめや不登校」「ゆとり教育の失敗」……日本の教育への数々の批判は本当なのか？　気鋭の2人が国際比較データを駆使して教育問題に新たな視点を提供する。

1455
ことばの教育を問いなおす
――国語・英語の現在と未来
鳥飼玖美子
苅谷夏子
苅谷剛彦
大学入学共通テストへの記述問題・民間試験導入などで揺れ動く国語教育・英語教育。ことばの教育はどうあるべきなのか、3人の専門家がリレー形式で思考する。

1233
ルポ 児童相談所
——一時保護所から考える子ども支援
慎泰俊
自ら住み込み、100人以上の関係者に取材し「一時保護所」の現状を浮かび上がらせ、課題解決策を探る。若き社会起業家による、社会的養護の未来への提言。

1029
ルポ 虐待
——大阪二児置き去り死事件
杉山春
なぜ二人の幼児は餓死しなければならなかったのか？現代の奈落に落ちた母子の人生を追い、女性の貧困を問うルポルタージュ。信田さよ子氏、國分功一郎氏推薦。

1120
ルポ 居所不明児童
——消えた子どもたち
石川結貴
貧困、虐待、家庭崩壊などが原因で、少なくはない子どもたちの所在が不明になっている。この国で社会問題化しつつある「消えた子ども」を追う驚愕のレポート。

1125
ルポ 母子家庭
小林美希
夫からの度重なるDV、進展しない離婚調停、親子のギリギリの生活……。社会の矛盾が母と子を追い込んでいく。彼女たちの厳しい現実と生きる希望に迫る。

1496
ルポ 技能実習生
澤田晃宏
どのように日本へやってきたか。なぜ失踪者が出るのか。働く彼らの夢や目標と帰国後の生活とは。国際的な人材獲得合戦を取材して、見えてきた労働市場の真実。

1521
ルポ 入管
——絶望の外国人収容施設
平野雄吾
「お前らを日本から追い出すために入管（ここ）があるんだ」。密室で繰り広げられる暴行、監禁、医療放置——。巨大化する国家組織の知られざる実態。

1698
ルポ 脱法マルチ
小鍜冶孝志
「近くでいい居酒屋知らない？」。ついていったらマルチだった。毎日新聞の記者が、謎の「事業家集団」の実態に迫るルポルタージュ。

ちくま新書